King Kwabla Lumor

Liderança na sua comunidade

King Kwabla Lumor

Liderança na sua comunidade

ScienciaScripts

Imprint

Any brand names and product names mentioned in this book are subject to trademark, brand or patent protection and are trademarks or registered trademarks of their respective holders. The use of brand names, product names, common names, trade names, product descriptions etc. even without a particular marking in this work is in no way to be construed to mean that such names may be regarded as unrestricted in respect of trademark and brand protection legislation and could thus be used by anyone.

Cover image: www.ingimage.com

This book is a translation from the original published under ISBN 978-3-659-82829-4.

Publisher:
Sciencia Scripts
is a trademark of
Dodo Books Indian Ocean Ltd. and OmniScriptum S.R.L publishing group

120 High Road, East Finchley, London, N2 9ED, United Kingdom
Str. Armeneasca 28/1, office 1, Chisinau MD-2012, Republic of Moldova, Europe
Printed at: see last page
ISBN: 978-620-8-17623-5

Resumo

Os bons líderes fazem-se, não nascem. Se tivermos o desejo e a força de vontade, podemos tornar-nos líderes eficazes. Os bons líderes desenvolvem-se através de um processo interminável de auto-estudo, educação, formação e experiência (Yan, Li 2012). Este livro ajudá-lo-á neste processo. **Este livro -** Leadership *and your community- trata da liderança organizacional a nível comunitário.*Todas as funções de liderança exigem que as competências estejam alinhadas com os valores. Estes valores consistem em concentrar-se em quem é e no que a sua visão e missão alcançaram no passado. Investigue todos os futuros chefes e imite as pessoas que admira como modelos na prática de liderança atual para aumentar a sua vantagem. Um bom líder encara os contactos como um elemento fundamental para o sucesso. Seja muito extrovertido, mas seletivo em relação às pessoas com quem socializa. Um bom líder centra-se sempre no sucesso das pessoas através de estratégias rigorosas dentro da sua organização. Cada decisão deve ser cuidadosamente analisada antes de ser implementada. Enquanto líder, é importante estar atento à sua comunicação com os empregados e com a comunidade. Tratar os empregados e os membros da comunidade com respeito é uma ferramenta importante para um maior reconhecimento. O reconhecimento advém da contribuição pessoal para a sociedade. A responsabilidade social das empresas ao nível da comunidade dá-lhe uma vantagem sobre os seus concorrentes. Ultrapassar os seus concorrentes faz-se através de um trabalho diligente. Certifique-se sempre de que faz um esforço adicional para ajudar os outros e nos seus compromissos comerciais. Se for abordado por uma pessoa desconhecida, verifique a origem da referência antes de começar a negociar. O mundo global está cheio de riscos - mas os bons líderes assumem riscos calculados para os ultrapassar nas suas organizações e nas suas comunidades, quando necessário. Ao assumirem riscos calculados, contribuem para o crescimento da sociedade. Um bom líder concentra-se no sucesso a longo prazo com a expetativa de sucesso futuro. A mudança acontece em todo o lado, um bom líder abraça sempre a mudança e a inovação. A inovação e a mudança tecnológica garantem que os bons líderes cresçam e se mantenham à frente dos seus concorrentes. É sempre melhor promover a educação pública do que apoiar o poder político nas empresas. Ao educar os seus empregados, está a enriquecerA sua empresa com a capacidade de recursos necessária. Para chegar ao topo, é necessário envolver as pessoas certas do princípio ao fim. Explicar em pormenor a visão e a missão da sua organização aos seus empregados ou na sua comunidade. Estes são os papéis fundamentais na liderança da sua organização ou comunidade.

1 Introdução

Leadership (n.d) diz: "Os bons líderes são feitos, não nascem". Os bons líderes fazem um esforço adicional com grande força de vontade para alcançar a sua missão e os seus objectivos. Os bons líderes desenvolvem um processo de auto-estudo, formação e experiência sem qualquer obstáculo. Enquanto líder, a formação de uma boa equipa é essencial através de esforços que exigem que se seja, saiba e faça determinadas coisas. Isto não lhe é entregue numa bandeja de prata, mas é conseguido através de trabalho e estudo contínuos (Leadership, n.d.).

Ser realista e inflexível são factores para um bom papel de liderança a nível municipal. Um bom líder deve ter competências de gestão de projectos para o desempenho das suas funções. As competências de gestão de projectos consistem em cumprir todos os objectivos do projeto, respeitando as restrições pré-determinadas. As restrições mais importantes para as tarefas de liderança são o âmbito, o tempo, a qualidade e o orçamento. Um bom líder deve otimizar e integrar ambiciosamente a atribuição dos recursos necessários para atingir os objectivos pré-determinados. Os bons líderes estão constantemente a trabalhar e a aprender para melhorar as suas capacidades de liderança: NÃO descansam sobre os louros. O conhecimento na vida e na sociedade exige que o papel de liderança seja processado através das realizações permanentes dos outros, de forma a torná-lo mais coerente e coeso (liderança n.d).

A liderança é um processo em que uma pessoa influencia um grupo de pessoas para atingir um objetivo comum. Os líderes levam a cabo este processo utilizando os seus conhecimentos e competências de liderança. Ho, S. et al (2015) reconheceu que os conhecimentos e as competências contribuem para o processo de liderança, enquanto outros atributos conferem ao líder determinadas caraterísticas que o tornam único.

2 O que é a liderança partilhada?

Neste contexto, a liderança comunitária refere-se à liderança organizacional no seio de uma comunidade.

A ação concertada para o desenvolvimento da comunidade é um fator importante para o êxito da cooperação. Ao nível da comunidade, um líder deve participar em projectos de desenvolvimento, fazendo sugestões e ajudando a melhorar as necessidades das partes interessadas. Graham, Katrina A., et al. (2015) define o envolvimento da comunidade como "diálogo estruturado, resolução conjunta de problemas e ação colaborativa entre agências oficiais, cidadãos e líderes de opinião locais sobre uma questão pública premente." É necessário que os objectivos individuais estejam alinhados com os objectivos e aspirações desejados pelos cidadãos para evitar resultados abaixo do ideal (Graham, Katrina A., et al. 2015).

Lee, Lloyd (2014) salienta que um líder comunitário deve caraterizar-se pela integridade, inteligência, criatividade e um plano para o futuro. A nível comunitário, espera-se que um bom líder compreenda todos os aspectos da comunidade, incluindo o físico, o político, o social, o económico, o psicológico, o emocional e o espiritual. Todas estas qualidades de liderança, aliadas à atenção, humildade e generosidade, fazem das boas práticas de liderança uma mais-valia para a comunidade. Espera-se que um líder de uma comunidade encare o investimento na comunidade como uma responsabilidade social para resolver problemas com benefícios económicos. Um exemplo disto é uma organização dentro de uma comunidade que precisa de investir conscientemente em diferentes formas de apoiar os seus cidadãos. O investimento no desenvolvimento dos recursos humanos é um fator importante a considerar a nível comunitário.

1.1 Teorias fundamentais da liderança.

Porque é que alguns líderes têm sucesso e outros falham? De acordo com (Leaders' n.d.p5), não existe uma "combinação mágica" de caraterísticas que tornem um líder bem sucedido, mas depende de diferentes caraterísticas em diferentes circunstâncias. Ser um bom líder requer diferentes abordagens para compreender a situação. Um líder precisa de se concentrar nas principais teorias de liderança que constituem a espinha dorsal da sua atual compreensão da liderança. Existem quatro grupos principais de teorias que surgiram, recomendadas por (leader n.d pp6), Teorias de Traços, Teorias Comportamentais, Teorias de Contingência e Teorias de Poder e Influência.

- **Teorias dos traços -** De acordo com (leadership n.d pp6), as teorias dos traços podem ajudar os líderes a reconhecer traços e qualidades como a integridade, a empatia, a assertividade, a determinação e a simpatia quando lideram outros. Os traços podem ser

definido como a emergência de comportamentos externos a partir do facto de fazermos as coisas que temos na nossa cabeça. Estas externalidades são uma ferramenta essencial para práticas de liderança eficazes.

- **Teorias comportamentais -** As teorias comportamentais estão preocupadas com a forma como os líderes se comportam. Kurt Lewin (1930) desenvolveu três quadros baseados no comportamento de liderança em (leadership n.d pp6).

  a) *"Os gestores autocráticos* tomam decisões sem consultar as suas equipas".

  b) *"Os líderes democratas* deixaram que a equipa se pronunciasse antes de tomarem uma decisão".

  c) *Os gestores "laissez-faire"* não interferem; permitem que as pessoas da equipa tomem muitas decisões.

- **Teorias de** contingência **-** As teorias de contingência permitem que um líder preveja como as coisas vão correr em determinadas circunstâncias. No que diz respeito ao seu papel de liderança, o líder decide entre apoiar a equipa e concentrar-se nas pessoas.

- **Teorias do Poder e da Influência -** Os líderes desta categoria adoptam uma abordagem completamente diferente para fazer as coisas e os resultados resultantes são a definição do seu estilo de liderança. Nesta categoria, os líderes assumem que o uso do poder pessoal é a melhor alternativa para liderar. As teorias do poder e da influência enquadram-se na liderança transacional. Liderança transacional [pressupõe recompensas por tarefas concluídas]. A função de liderança centra-se na conceção de tarefas e de estruturas de recompensa para uma abordagem de gestão eficaz que permita fazer as coisas bem feitas. Na maioria das organizações, os líderes recorrem a práticas de liderança transacional para realizar tarefas ou projectos diariamente num ambiente de trabalho altamente motivado (liderança n.d.pp 6). A questão é: *qual destes estilos de liderança prefere ou a que pertence?*

2.1 Liderar com "estilo"

Edwards, Susan. P (2015) criou o acrónimo de liderança *"STYLE"* para utilização na liderança empresarial. A autora sublinhou que, através deste acrónimo, os líderes consideram formas de influenciar os outros, como podem inspirar os outros. O investigador académico *ilustra o seu ponto de vista na Figura 2.1 abaixo*

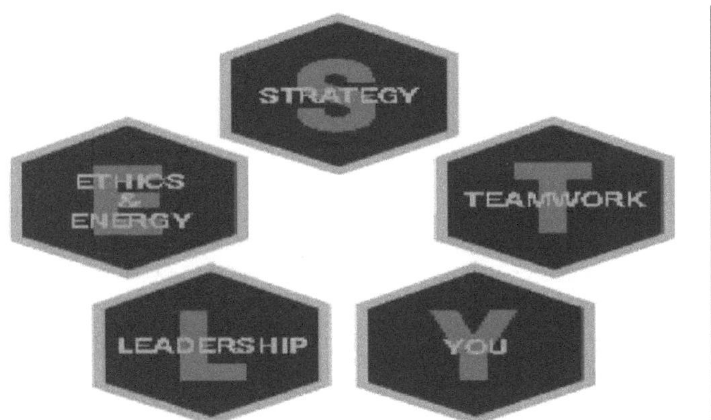

Figura 2.1 Acrónimo de liderança "*STYLE*" (*estilo*)

- **ESTRATÉGIA -** Os líderes são aconselhados a definir os valores fundamentais e a conhecer a direção desses valores fundamentais através de uma avaliação das lacunas para determinar a posição atual e o próximo passo. Nesta fase, o autor recomenda a criação de um plano de execução para colmatar a lacuna (Edwards 2015).
- **TRABALHO DE EQUIPA** - os líderes precisam de uma boa rede de apoio entre outras pessoas da sua organização, da sua rede ou da sua família. Tirar o máximo partido dos recursos disponíveis (Edwards 2015).
- **VOCÊ -** As suas acções e atitudes começam por si. Decida liderar com integridade.
- **LIDERANÇA -** Inspirar e tratar as pessoas com dignidade e respeito para que façam o que lhes pede.
- **ÉTICA E ENERGIA -** tratar os outros de forma ética; oferecer respeito e dignidade em troca, (Edwards 2015).

Patanakul, Peerasit e Shenhar, Aaron J. (2012) salientam que os líderes têm de compreender a estratégia como o objetivo central das decisões organizacionais para poderem adquirir práticas de gestão de projectos. As práticas de liderança devem centrar-se em ideias e objectivos específicos como base para a execução. Uma ideia sem uma estratégia é como uma estrada estreita sem fim. Para conceber uma estratégia, um líder deve limitar o âmbito a actividades específicas para atingir o objetivo pré-determinado. Ao restringir as actividades, o esforço necessário para atingir os padrões exigidos pelo projeto é reduzido. Na gestão de projectos, é necessária a adaptação da escolha estratégica *"militar"*. A estratégia na gestão de projectos distingue-se do planeamento do projeto. O planeamento exige que os gestores, diretores e executivos implementem uma estratégia que vai para além do planeamento, de modo a atingir os objectivos necessários na execução e gestão. A estratégia anda de mãos dadas com decisões tácticas sobre actividades como

Recursos, prazos e resultados são as principais forças motrizes que conduzem ao sucesso. Por conseguinte, a estratégia deve ser tratada como uma orientação, uma atitude, uma política que conduz a um plano efetivo que proporciona um comportamento de liderança que conduz ao lucro e à criação de valor empresarial. Patanakul, Peerasit e Shenhar, Aaron J. (2012) recomendam vivamente que as funções de liderança incorporem a eficácia e a eficiência no seu planeamento estratégico. Os autores lembram-nos que devemos estar atentos aos tipos de estratégias que devemos empregar como o melhor meio de combate na execução. De acordo com (Patanakul & Shenhar 2012), a estratégia escolhida deve incluir o "porquê" e o "como" para obter uma vantagem competitiva sobre a concorrência. As estratégias devem ser vistas de uma perspetiva mais ampla e não apenas como uma direção para o sucesso, (Artto et al 2008) in Patanakul & Shenhar (2012 p. 165). As perspectivas mais amplas recomendadas por (Patanakul & Shenhar 2012) são o reconhecimento do contexto empresarial, o objetivo empresarial, o conceito estratégico, a definição do produto, a vantagem/valor competitivo e o enfoque estratégico.

2.2 Filosofia da liderança

A palavra filosofia deriva da palavra grega philein - amar, sophia - sabedoria. A palavra filosofia pode ser traduzida no sentido de quem procura a sabedoria e a sabedoria procurada. Assim, a filosofia da liderança pode significar realmente a procura de sabedoria para progredir ou para deixar um legado em termos de estilo de liderança. Edwards, Susan. P (2015) salienta que um legado gratificante resulta de trabalho árduo, respeito e apoio no desenvolvimento dos estilos de liderança dos outros. Um bom líder toma o mundo como um palco para agir, investindo nos outros para desenvolver os seus talentos. A base do *"estilo de liderança" são as acções e atitudes de cada um. Por isso, a questão é: o que espera da sua equipa?*

Os resultados gratificantes que espera da sua equipa baseiam-se no enquadramento implementado. De acordo com Edwards (2015), um quadro de liderança fraco será encarado com dificuldade pelos membros da equipa. No entanto, um quadro de liderança bem planeado (definido), com processos financeiros, viabilidade financeira e responsabilização pelas principais prioridades, merece comportamentos éticos e íntegros por parte dos membros da equipa. Um líder que dê o exemplo e forneça informações precisas e relevantes ganha o respeito dos membros da sua equipa. Através dos processos financeiros bem definidos de um líder, os membros da equipa são incentivados a concentrar-se na rentabilidade e na gestão de tesouraria (Edward 2015).
Lee, Lloyd (2014) salienta que os líderes têm de ser inteligentes, empáticos, destemidos e engenhosos para ultrapassarem os desafios da vida. Os desafios da vida são troços de estrada que exigem que nos concentremos nas lições aprendidas com as experiências passadas. Não há nada melhor do que o fracasso, mas sim lições divinas dos erros do passado. Estas lições divinas exigem que nos concentremos em acontecimentos, experiências e infortúnios passados

para determinar os resultados finais.

2.3 *"Cultura"* organizacional Sustentabilidade

Na perspetiva de Rizescu Marius (2011), a cultura organizacional desempenha um papel estimulante em muitas dimensões para a motivação dos trabalhadores em relação aos objectivos da empresa. Os objectivos organizacionais são definidos como o conjunto de regras, estratégias e regulamentos que regem a organização. As atitudes, os comportamentos, os métodos e o desempenho estão relacionados com as necessidades reais da organização. Um perigo, de acordo com (Rizescu 2011), é o orgulho no próprio desempenho, que com o tempo se transforma em arrogância, o que não pode prejudicar uma organização com uma cultura forte.
De acordo com Florea, Liviu et al. (2013), uma organização próspera e financeiramente saudável tem uma vantagem competitiva duradoura sobre uma organização fraca e culta. Choi e Ng (2011) afirmam ainda em Rizescu (2011) que o bem-estar económico e os padrões de vida das organizações estão relacionados com a sustentabilidade económica. A sustentabilidade organizacional proporciona integridade e proteção ambiental que protege a geração futura sem comprometer as suas necessidades futuras, o esgotamento dos recursos, as emissões e os perigos e riscos ambientais. Pfeffer (2010) em (Rizescu 2011) sublinhou a necessidade de os gestores conservarem eficazmente os recursos para evitar o desperdício, reduzir o peso das actividades económicas e gerar integridade ambiental. Dillard et al. (2009) in (Rizescu 2011) atribuíram a saúde social dos trabalhadores à sustentabilidade social, que assegura o bem-estar dos trabalhadores. No entanto, Choi e Ng (2011) in (Rizescu 2011) discordam desta afirmação de que os gestores encontram um equilíbrio entre as necessidades pessoais e sociais através de práticas de gestão ética.

2.4 *Efeitos do comportamento orientado para o desafio no desempenho de tarefas de grupo de trabalho*

Mackenzie et al. (2011) identificaram vários trabalhos de investigação sobre comportamentos de cidadania organizacional de (Organ, Podsakoff, & Mackenzie, 2006) sobre o tema dos comportamentos de cidadania organizacional (CCO) e constructos relacionados, tais como o desempenho contextual (Borman & Motowidlo, 1993, 1997), espontaneidade organizacional (George & Brief, 1992), comportamento fora do papel (Van Dyne, Cummings, & McLean Parks, 1995), e desempenho de cidadania organizacional (Borman, Penner, Allen, & Motowidlo, 2001). Todos estes estudos sugerem que são fomentadas relações orientadas para a afiliação. Van Dyne et al. (1995) em (Mackenzie 2011) salientam a importância dos comportamentos orientados para a afiliação como comportamentos interpessoais e cooperativos que mantêm relações com os outros. Van Dyne et al. (1995), Van Dyne et al. (1994), Van Dyne & LePine (1998) e Mackenzie (2011), por outro lado, identificaram o comportamento orientado para o desafio como uma mudança.comportamento orientado para o risco e elementos prejudiciais que criticam o status quo da organização. O que se exige de um bom líder é um comportamento *"facilitador"*, orientado para a afiliação, que impulsione o progresso organizacional, por oposição às *formas proibitivas, o comportamento orientado para o desafio*.LePine e Van Dyne (1998) referem em (Mackenzie (2011) que o comportamento orientado para o desafio é vicariante a nível organizacional ou societal e perturba as relações interpessoais através do embaraço, da ameaça e de sentimentos de vulnerabilidade. No entanto, estas fraquezas podem ser transformadas de negatividade em positividade através de processos de pensamento inovadores e criativos. Este processo leva os membros a reavaliarem o status quo e a ajustarem os seus objectivos, estratégias ou processos de forma mais adequada (Mackenzie 2011). Segundo Tsai, Yafang (2011), os líderes têm de adaptar os seus comportamentos de liderança à cultura organizacional para realizarem a tarefa que afecta a satisfação profissional dos trabalhadores. Tsai (2011) recorda aos líderes a correlação positiva entre o comportamento de liderança e a satisfação no trabalho e a correlação positiva entre a liderança e a satisfação no trabalho. Os líderes devem esforçar-se por compreender os valores fundamentais da organização para evitar conflitos internos. De acordo com (Mackenzie 2011), as normas da cultura organizacional, que incorporam a perspetiva funcionalista, exigem que a gestão reconheça as suas dimensões subjacentes e o seu impacto nas variáveis relacionadas com os trabalhadores, como a satisfação no trabalho, o empenho organizacional e o desempenho.

2.5 Quatro tipos de cultura organizacional (taxonomia)

Hartnell, Chad A. et al (2011) forneceram quatro taxonomias organizacionais efectivas: Clã, Adhocracia, Mercado e Hierarquia, associando a cultura a estas variantes. Esta taxonomia é mais adequada para organizações com fins lucrativos do que para organizações sem fins lucrativos. O *tipo de cultura Clã -* orientada internamente, com estrutura organizacional flexível, afiliação humana positiva e atitude positiva em relação ao sucesso da organização. As organizações do tipo clã incluem comportamentos como o trabalho em equipa, a participação, o envolvimento dos trabalhadores, a comunicação aberta, o compromisso de valor, a afiliação, a adesão e o apoio que promovem os resultados morais dos trabalhadores. O investigador apresenta os *quatro tipos de cultura no Quadro 2.1 abaixo.*

Culture Type	Assumptions	Beliefs	Values	Artifacts (behaviors)	Effectiveness Criteria
Clan	Human affiliation	People behave appropriately when they have trust in, loyalty to, and membership in the organization.	Attachment, affiliation, collaboration, trust, and support	Teamwork, participation, employee involvement, and open communication	Employee satisfaction and commitment
Adhocracy	Change	People behave appropriately when they understand the importance and impact of the task	Growth, stimulation, variety, autonomy, and attention to detail	Risk-taking, creativity, and adaptability	Innovation and Technology
Market	Achievement	People behave appropriately when they have clear objectives and are rewarded based on their achievements	Communication, competition, competence, and achievement	Gathering customer and competitor information, goal-setting, planning, task focus, competitiveness, and aggressiveness	Increased market share, profit, product quality, and productivity
Hierarchy	Stability	People behave appropriately when they have clear roles and procedures are formally defined by rules and regulations.	Communication, reutilization, formalization, and consistency	Conformity and predictability	Efficiency, timeliness, and smooth functioning

Tabela 2.1 Os quatro tipos culturais e o quadro de valores concorrentes. Fonte: (Hartnell, Chad A. et al. 2011- Modificado pelo autor)

O *tipo de cultura adhocracia* é virado para o exterior e tem uma estrutura organizacional flexível com capacidade para criar novos recursos. Os seus membros são muito criativos e estão dispostos a correr riscos para aumentar o crescimento da organização, promovendo a variedade, a autonomia e a atenção aos pormenores. Os valores deste comportamento são a assunção de riscos, a criatividade, a adaptabilidade, a inovação e a excelência para o sucesso empresarial.

O *tipo de cultura de mercado* - de acordo com Mackenzie (2011) - é reforçado por efeitos externos na estrutura organizacional com mecanismos de controlo acentuados. Os comportamentos são de grande aceitação, focalizados, competitivos, agressivos e orientados para a alta produtividade, combinada com valor a curto e médio prazo para os stakeholders.

No entanto, objectivos claros com recompensas correspondentes são factores motivadores e agressivos que aumentam o seu desempenho e satisfazem as expectativas dos intervenientes.

O *tipo de cultura hierárquica* - estes tipos comportamentais são semelhantes aos tipos orientados para o mercado, com apoio a externalidades na estrutura organizacional, impulsionados por mecanismos de controlo, estabilidade e previsibilidade que promovem a eficiência. Estes tipos comportamentais tendem a ter funções e objectivos claramente definidos, que se pressupõe valorizarem a comunicação precisa, a reutilização, a formalização e a consistência. Espera-se destes tipos comportamentais conformidade, previsibilidade, eficiência, calendarização e bom funcionamento.

3. Modelo de liderança de integridade, moralidade, ética e legalidade

Um bom líder deve ser visionário, tomar decisões firmes e ter a capacidade de aceitar os erros cometidos pelos seus subordinados. A liderança visionária deve ser combinada com integridade. A integridade tem três definições do dicionário Webster: "Integridade como um estado ou condição de ser inteiro, completo, intacto, imaculado, sem mácula" Erhard, W. H. et al. (2014) afirmam que a integridade é uma condição necessária da capacidade de trabalho que determina o desempenho de um líder. Um líder com integridade é obrigado a aderir ao seu espírito de equipa. Lloyd-Walker, B. & Walker D. (2011) afirmam que liderar uma equipa deve incluir ética, confiança e respeito pelos outros, honestidade e uma utilização responsável e autêntica do poder sem preconceitos. Um líder autêntico deve incorporar competências de liderança transformacional e competências de liderança ética no seu comportamento profissional. Um líder de projeto comunitário autêntico deve merecer a confiança e ser visto pelos outros como tendo honestidade e integridade quando se envolve com a comunidade em que trabalha ou vive. Dado o ambiente em mudança em que os líderes de projeto se encontram, é essencial teorizar a liderança autêntica como um fator-chave na implementação do projeto. Na perspetiva de (Mayer et al. 1995) em Lloyd-Walker, B. & Walker D. (2011), existem três factores que criam confiança: Capacidade, Benevolência e Integridade. Um líder de confiança deve ter confiança e ser capaz de cumprir a "promessa" que fez à sua equipa ou comunidade.

3.1 Integridade como oferta e procura (Qual é o meu preço?)

Kaptein, Muel (2012) aconselha que os líderes devem estar conscientes das suas acções na comunidade, na organização e na família. A pergunta "Que preço tem de pagar como líder para manter a sua integridade?" (Kaptein 2012) ilustra a forma como a integridade de Abraham Lincoln foi posta à prova por um criminoso culpado que procurou os seus serviços como advogado para o representar e defender em tribunal. O criminoso tentou subornar Abraham Lincoln com dois mil dólares para o defender em tribunal, apesar de este ter admitido que era culpado do crime. Abraham Lincoln disse ao desconhecido que não o podia defender porque era culpado do crime.

Ofensa. O desconhecido ofereceu desesperadamente quatro mil dólares, Abraham Lincoln levantou-se do seu lugar nesse momento, "agarrou o homem pelo colarinho, arrastou-o para fora do gabinete e atirou-o para a rua". O homem perguntou freneticamente a Abraham Lincoln por que razão o tinha expulsado do seu gabinete depois de lhe ter oferecido quatro mil dólares, ou porque se tinha declarado culpado da infração? Abraham Lincoln respondeu: "Porque te aproximaste do meu preço!
Kaptein (2012) salienta que "aprender a mentir começa com aprender a falar". Se as pessoas conseguirem resistir à tentação, como fez Abraham Lincoln, o mundo *pode ser* um lugar agradável para todos viverem e trabalharem para atingir os nossos objectivos sem obstáculos.

Erhard, Werner H. et al (2014) afirmam que o problema da integridade, da moralidade, da ética e da legalidade é, na maioria das vezes, mal compreendido pelos indivíduos, pelas famílias, pelas organizações de grupo, pelas sociedades ou pelas nações que actuam para se tornarem melhores à nossa custa. Todos os problemas que as nações enfrentam são o resultado do nosso próprio comportamento que carece de integridade, o que torna os problemas invisíveis para nós sem que tenhamos a capacidade de os resolver (Erhard, Werner et al. 2014).

A qualidade de um líder (quem é, o que sabe e o que pode fazer) é sempre determinada pelos seguidores do líder. De acordo com Lloyd-Walker, B. & Walker D. (2011), os líderes autênticos devem alinhar as suas competências com as necessidades das partes interessadas, a fim de atingirem os seus objectivos pré-determinados. (De acordo com Lloyd-Walker, B. & Walker D. (2011), os líderes de equipas/projectos alertam para o facto de não encararem a validade ética da liderança autêntica como um modelo que deve ser seguido servilmente. Ao utilizar uma matriz bidimensional de altruísmo e egoísmo num "eixo de valores versus eixo horizontal" vertical de comportamento congruente e incongruente, o seu modelo de liderança é definido para os seus subordinados imitarem. O seu preço como líder é a resistência à ilegalidade no seu papel de liderança.

4. Liderança generativa, "dramática" e conservadorismo num sistema complexo.

Ho, S et al (2015) recomendam que um bom líder incorpore o conservadorismo nas suas práticas de gestão financeira. O conservadorismo refere-se a um princípio contabilístico fundamental que tem consequências económicas importantes, tais como questões de risco moral entre gestores, devedores e acionistas. De acordo com o princípio de gestão, os processos financeiros devem ser economicamente viáveis ou orientados para o lucro. (Hu et al. 2013; LaFond e Watts (2008) in Ho, S et al. (2015) apontam que o conservadorismo protege os interesses dos acionistas, servindo como um mecanismo de governação para limitar o oportunismo dos gestores. De acordo com (Bushman et al. 2011; Francis e Martin 2010) in Ho. S et al. (2015), a falta de conservadorismo pode

têm consequências contabilísticas e económicas graves, tanto a nível da organização como a nível municipal. A nível municipal, o conservadorismo pode ser utilizado para acompanhar as decisões de investimento, a fim de reconhecer mais cedo as perdas económicas. Ajuda a identificar projectos com valor atual líquido negativo ou investimentos com fraco desempenho, melhorando assim a eficiência do investimento. (Francis & Martin 2010) em Ho et al. (2015) mostram uma correlação positiva entre o conservadorismo contabilístico e a rendibilidade dos investimentos em aquisições, especialmente com custos de agência ex-ante mais elevados. Os autores referem ainda que o conservadorismo contabilístico pode ser utilizado para mitigar a assimetria de informação entre insiders e outsiders e assim reduzir os custos de agência.

A liderança generativa, tal como definida por (Dann, Paul 2010), é uma mistura de modelos de liderança emergentes e a perspetiva orientada para a ação do "fazer". Em sistemas adaptativos e complexos, a combinação de modelos de liderança bem-sucedidos com os princípios fundamentais da liderança emergente, com uma perspetiva que examina o "fazer", produzirá os resultados práticos exigidos a um bom líder. A definição de Dann (2010) é consistente com o significado de liderança generativa - "capacidade de produzir", enquanto a liderança é definida como "capacidade de liderar". Em conjunto, a liderança *generativa* significa a produção de capacidade de liderança ou liderança que produz liderança. Em sistemas complexos, as organizações, as comunidades e a sociedade procuram um líder eficaz, com uma visão clara, que impulsione e motive os outros a alcançar resultados sustentáveis. Em resposta às mudanças no ambiente de trabalho, as organizações e a sociedade evoluíram cada vez mais para um sistema adaptativo complexo; por conseguinte, os líderes devem considerar alternativas aos modelos de liderança tradicionais (Dann 2010).

Bell, C., R. (2013) sublinhou que um líder deve inovar através da curiosidade e da atenção. Um líder deve ser um bom ouvinte que prefere fazer perguntas em vez de falar muito, que mostra mais interesse no trabalho que está a realizar e que está grato pelas lições aprendidas. Um líder transformacional deve ser um modelo forte que aprende mais do que ensina. De acordo com Bell (2013), um líder que ensina mais do que aprende é um capitalista de aventura que está disposto a investir em projectos potenciais ou projectos construtivos inovadores.

As práticas de liderança a nível comunitário exigem diferentes estilos de liderança. Um bom líder deve ter um elevado nível de motivação, compreensão das necessidades e emoções humanas. Um bom líder é caracterizado como (Erhard, W.H, Jensen, M.C,

Zaffron S. 2014) afirma que o capital social deve ser mobilizado para o desenvolvimento da comunidade.

O líder deve distinguir entre capital social e capital social dentro do grupo. O capital social intergrupal é um pré-requisito para uma colaboração bem-sucedida, ao passo que um maior capital intragrupal combinado com um fraco capital intergrupal, caracterizado por conflitos e desconfiança, pode criar barreiras à mudança e à inovação. Erhard, W. H., Jensen, M. C., Zaffron S. (2014) salientaram que o envolvimento da comunidade é um modelo importante para a colaboração quando se trata de desenvolver modelos mentais partilhados no desenvolvimento de modelos inovadores para a resolução de problemas comuns e a colaboração entre as autoridades formais, os cidadãos em geral e os líderes de opinião locais sobre uma questão premente.

Ao nível da comunidade, um líder comunitário eficaz deve trocar ideias sobre o problema e determinar qual a opinião mais adequada para o resolver, independentemente de interesses particulares.

4.1 Egoísmo versus altruísmo: a teoria do brilho caloroso e da mão amiga

De acordo com Kaptein, Muel (2012), Abraham Lincoln afirmou, antes de se tornar presidente, que o altruísmo não existe. Esta afirmação surgiu quando Abraham Lincoln teve de salvar leitões na margem de um rio. O salvamento dos leitões por Abraham Lincoln (Kaptein 2012) mostra que não existe altruísmo puro, mas apenas um claro interesse próprio. Ajudar os outros por uma causa pode ser do nosso próprio interesse. Ajudar a própria empresa coloca a mente e a consciência numa "teoria do brilho quente" - motivos internos para doar a uma boa causa que beneficia a sociedade e a si próprio. Abraham Lincoln salva os leitões de se afogarem por interesse próprio. Por conseguinte, é essencial que os líderes ajudem os outros na sua comunidade, organização e família a sentirem-se bem e a tornarem-se melhores. De acordo com (Kaptein 2012), esta hipótese deu origem ao significado fundamental do termo economia como "gestão doméstica (-nomia)", que descreveu a função dos bancos como "servir a economia real". Isto significa basicamente que os gestores ou executivos têm um mandato para servir as suas organizações (a economia) de uma forma puramente sentimental, como um modelo subjetivo de dever.

5. O impacto dos estilos de liderança nos resultados dos seguidores.

Piccolo e Colquitt 2006; Purvanova et al (2006), em (Quintana Teresa, A et al 2015) investigaram os efeitos transaccionais e transformacionais dos estilos de liderança A liderança é um fator de satisfação no trabalho com uma variedade de resultados profissionais. Os autores reconhecem a importância do estilo de liderança (Bono e Judge 2003) na motivação intrínseca, na auto-eficácia (McColl-Kennedy e Anderson 2002), na criatividade (Howell e Avolio 1993), nas percepções de justiça (Cho e Dansereau 2010), no empenho no trabalho (Zhu et al. 2009), no desempenho profissional (Dvir et al. 2002; Podsakoff et al. 1996), baixas taxas de rotatividade (Keller 1992; Conger et al. 2000), comportamentos de compromisso organizacional (Fuller et al. 1995; Walumbwa et al. 2008) e capital psicológico (Gooty et al. 2009) para determinar a base para as escolhas de estilo de liderança para práticas de gestão eficazes. Quintana et al. (2015) argumentam ainda que os líderes podem alcançar dois resultados importantes com a liderança transformacional e transacional. O primeiro fator consiste em centrar-se no desempenho das tarefas dos subordinados, planear e articular a visão organizacional, monitorizar e prestar o apoio necessário (por exemplo, fornecer equipamento e assistência técnica). O segundo fator é a melhoria da relação entre os subordinados e o líder, proporcionando apoio e assistência, confiança e segurança, reconhecendo as ideias, contribuições e realizações dos subordinados. A investigação académica *ilustra este aspeto na Figura 5.1 abaixo*

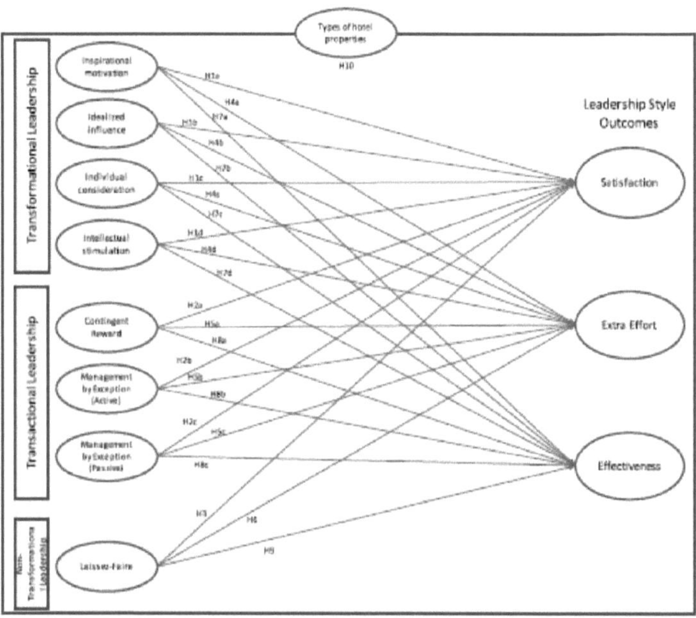

Figura 5.1 Modelo de liderança transacional e transformacional. Fonte: Quintana et al. (2015)

Quintana et al. (2015) definem o comportamento transacional como "o reconhecimento do desempenho do trabalhador através de recompensas financeiras e não financeiras baseadas no cumprimento de obrigações contratuais".

Ashkin, Stephen (2012) baseia a liderança numa cultura sustentável para que os líderes responsáveis por instituições ou organizações cultivem e mantenham o epítome dessa organização. Um bom líder está sempre presente para ajudar nos bons e nos maus momentos. Um bom líder é alguém que garante que as ideias dos funcionários têm o mesmo peso e aponta os seus erros de forma adequada. Quando as expectativas não são cumpridas, um bom líder investiga as razões do fracasso. Quintana et al (2015) salientam que as expectativas são objectivos calendarizados que são fundamentais para concluir as tarefas contratuais a tempo, dentro do orçamento e com qualidade, mas que exigem planeamento e estratégia. Cheng

et al. (2012) consideram que a liderança transformacional é o estilo de liderança mais eficaz para promover a inovação organizacional.

a. A liderança como um fenómeno social

Leadership (n.d.) define a identidade social como um "processo de grupo que emerge através da categorização social e da despersonalização prototípica em conjunto com a identificação social". Gordon Allport refere em Leadership (n.d.) que é essencial que os líderes reconheçam as caraterísticas influentes do comportamento humano na sua organização através de um sistema de gestão integrador. De acordo com os princípios de liderança, todos os líderes são capazes de demonstrar eficazmente as suas competências de liderança. No entanto, algumas competências podem ser melhor utilizadas do que outras. A teoria da contingência afirma que a eficácia da liderança de determinados estilos de liderança depende de factores situacionais. A teoria da contingência distingue entre líderes orientados para a tarefa, que valorizam o sucesso do grupo e retiram a sua autoestima do seu desempenho, e líderes orientados para as relações, que são descontraídos, simpáticos e sociáveis. Os líderes orientados para a tarefa são semelhantes aos líderes transformacionais que se preocupam mais com o seu trabalho e estão altamente motivados, enquanto os líderes orientados para as relações são semelhantes aos líderes transaccionais flexíveis que se preocupam menos com a satisfação no trabalho.

Erhard, Werner H. et al. (2014) acrescentaram um novo termo que se refere ao "conceito de virtude e fenómenos de virtude" da moralidade e da ética como fenómenos positivos relacionados com a integridade. Erhard (2014) salienta que o conceito de virtude e os fenómenos de virtude no papel de liderança têm a ver com "padrões normativos de certo e errado, desejável e indesejável, e bom e mau" (Erhard, Werner et al 2014). Os gestores devem escolher entre o conceito normativo de ação certa e ação errada para o bem da sua organização. Erhard et al (2014) utilizam a linguagem dos economistas e definem a integridade como um elemento importante da produção, comparável ao conhecimento e à tecnologia. Os autores descobriram uma relação positiva entre a integridade e a oportunidade de desempenho individual que existe para os grupos e organizações, famílias, líderes, economistas, filósofos, políticos, executivos e autoridades legais e governamentais terem um desempenho credível sob o conceito de virtude e fenómenos de virtude.

b. **Pensar de forma diferente**

Pensar de forma diferente significa criar novas ideias e desenvolver novas soluções inovadoras para essas ideias criativas. São necessárias competências de liderança a todos os níveis da organização. Pensar de forma diferente leva à paixão pela ação infinita. Todas as organizações esperam que um bom líder equilibre os seus pontos fortes com a sua paixão, o que conduz ao empenhamento e à satisfação. Um bom líder pensa para além dos limites mágicos. Callahan, Richard (2012) salienta que a estratégia é o oposto do pensamento mágico, em que os líderes acreditam num almoço grátis. De acordo com Callahan (2012), toda a estratégia envolve soluções recém-concebidas, capital intelectual para superar problemas intratáveis através de comportamentos direcionados que promovem esses resultados. Os líderes devem estabelecer um plano de desenvolvimento pessoal que vise resultados excepcionais. Callahan (2012) salienta que "a reflexão profissional é parte integrante do desenvolvimento de uma estratégia bem sucedida". A reflexão permite que os líderes aprendam com a experiência e desenvolvam condições de alto desempenho que facilitem o desenvolvimento da estratégia. Um mecanismo fiscal exige o aumento dos serviços com a diminuição do financiamento como base para superar o pensamento mágico. A inversão da sustentabilidade só pode ser conseguida colmatando as lacunas nas receitas e nas despesas (Callahan 2012).

6. **Liderança Sustentabilidade**

Ulrich, Dave e Smallwood, Norm (2013) definem a sustentabilidade na liderança como um sistema que tira conclusões lógicas da mudança dos padrões culturais de uma ação para melhorar a reputação.

Shelton, Ken & Ulrich, Dave (2013) recomendam sete tendências de liderança para critérios de sustentabilidade: 1) transparência na avaliação do desempenho, mudança estratégica, progresso no desenvolvimento do capital humano, seleção de programas de elevado potencial e sucesso da gestão; 2) coaching para critérios de sucesso para alcançar um verdadeiro retorno do investimento (ROI); 3) melhoria das competências dos trabalhadores em termos de produtividade, capacidade de comunicação, estratégias de pensamento crítico e criatividade como ferramentas essenciais; 4) um mercado integrado de sustentabilidade; 5) fidelização dos trabalhadores para retenção e envolvimento; 6) seleção de trabalhadores entusiastas e ambiciosos para oportunidades de liderança em matéria de sustentabilidade; 7) mobilização da educação. Estas tendências, se forem corretamente aplicadas a nível organizacional, podem ter um impacto significativo no desempenho e na disciplina. Os conceitos organizacionais devem incorporar as condições ambientais, sociais e económicas nos modelos de negócio.Schneider, Anselm (2015) definem o desenvolvimento sustentável como "o desenvolvimento que satisfaz as necessidades da geração atual sem comprometer a capacidade das gerações futuras de satisfazerem as suas próprias necessidades" O autor afirmaEm detalhe, a integridade ambiental através da gestão ambiental empresarial, a equidade social através da responsabilidade social empresarial e a prosperidade económica através da criação de valor são os três princípios básicos da sustentabilidade empresarial.

a. A sustentabilidade na prática

Epstein, Marc, J. e Buhovac, Adriana, R. (2014) recomendam que as organizações criem valor duradouro para múltiplas partes interessadas através de um quadro ou modelo socioecológico, económico e sustentável. Os autores recordam ainda aos gestores que devem prestar atenção às complexas inter-relações entre o desempenho social, ambiental, económico e financeiro. Estas inter-relações complexas podem ser geridas através de um quadro de *identificação, medição e integração* concebido por Epstein e Buhovac (2014), *tal como ilustrado na Figura 6.1.*

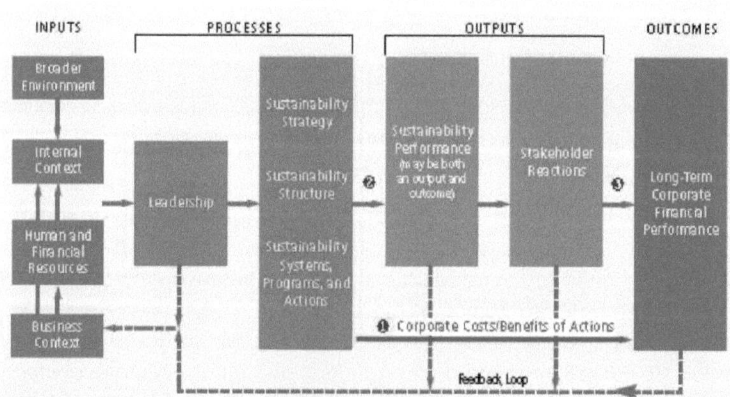

Figura 6.1 Modelo de sustentabilidade empresarial Fonte (Epstein e Buhovac 2014)

Existem três grupos principais de efeitos:

No modelo acima, Epstein & Buhovac (2012) identificaram os custos/benefícios das acções empresariais, os impactos sociais, ambientais e económicos e os impactos financeiros do desempenho da sustentabilidade como os três factores mais importantes.

Impactos que podem afetar a sustentabilidade empresarial. O modelo inclui os seguintes sectores, entradas, processos, saídas e resultados.

Inputs - Descrição do desempenho de sustentabilidade das empresas;
Processos - Instrumentos para medidas relativas aos processos ecológicos, sociais e económicos nas empresas";
Resultados - desempenho financeiro da empresa;
Resultados - Consequências dos resultados financeiros.

Epstein & Buhovac (2012) recomendam ainda que sejam tomadas medidas para resolver os condicionalismos dos inputs e outputs dos resultados numa base sustentável. Esses processos podem estar relacionados com a estratégia, a estrutura, as políticas e os sistemas susceptíveis de afetar o desempenho da sustentabilidade da organização. Os gestores devem prestar atenção aos resultados que podem ter impacto nos valores sociais, ambientais e económicos da organização.

b. Espectro de liderança e responsabilidade social

Dravenstott, John & Chieffe, Natalie (2011) forneceram dados de avaliação social únicos denominados Kinder, Lydenberg e Domini (KLD), que avaliam os pontos fortes negativos e positivos das organizações para determinar o seu desempenho nas suas comunidades. Os autores utilizaram dados de responsabilidade social para tentar criar uma imagem exacta da responsabilidade social das organizações ou empresas que operam em comunidades específicas. Zhang, J. Q. et al. (2013), na sua tentativa de determinar a legitimidade da responsabilidade social das empresas, consideraram o desempenho da responsabilidade social das empresas (RSE) como a responsabilidade moral de uma empresa numa determinada comunidade. A legitimidade moral, neste contexto, refere-se à aceitação pelas partes interessadas de uma empresa como um cidadão corporativo moral que não se alinha com os objectivos ou interesses comerciais da empresa na comunidade. Garriga, Elisabet (2014) salienta que a teoria das partes interessadas nas actividades e processos de criação de valor deve ser entendida na perspetiva das partes interessadas. Uma vez que os critérios para a criação de valor através da RSC são explicados em pormenor, a RSC torna-se responsabilidade da organização. Garriga (2014) define as partes interessadas como contributos significativos de grupos de pessoas, indivíduos, clientes, trabalhadores, fornecedores, investidores e financiadores para a criação de valor na organização. A definição de Brower, Jacob & Mahajan, Vijay (2013) refere: "A SIR consiste em iniciativas voluntárias tomadas pelas empresas para além das suas obrigações legais ou sociais que integram preocupações sociais e ambientais nas suas operações comerciais e interações com os seus clientes.

(Brower & Mahajan 2013) chegaram às seguintes conclusões para avaliar o desempenho da liderança numa determinada comunidade:
* As empresas são mais sensíveis às necessidades das partes interessadas e centram-se no marketing e/ou na criação de valor.
* confrontados com uma maior diversidade de requisitos das partes interessadas e
* São objeto de um exame crítico por parte das partes interessadas ou estão expostas ao risco de acções das partes interessadas.

Uma abordagem de valor desenvolvida por (Bower & Mahajan 2013) é a gestão das relações com as múltiplas partes interessadas para investir estrategicamente no desempenho social corporativo (CSP). (Hoeffler et al. 2010) em Bower & Mahajan (2013) sustentam esta adesão de que as iniciativas de CSP são critérios-chave para a auto-promoção de uma empresa junto de múltiplas partes interessadas, construindo e reforçando assim relações com a comunidade. Bower & Mahajan (2013) sugerem ainda que as organizações "sensíveis às necessidades das partes interessadas externas devem concentrar-se mais no CSP como base de apoio".
Sanchez, Pablo E. & Benito-Hernandez, Sonia (2015) recomendam modelos de liderança que promovem o crescimento da produtividade em organizações que implementam SIR. Os autores recomendam os seguintes cinco factores que podem aumentar o crescimento da produtividade: - Competências
* Investimento
* Inovação
* Concorrência
* Empresas e espírito empresarial.

Sanchez & Benito-Hernandez (2015) sugerem que outros esforços, como a ligação da produtividade e do SIR como um processo de boa reputação para melhorar a eficiência do trabalho e a produtividade do trabalho. (Stuebs e Sun 2010) definem a eficiência do trabalho como "produtividade do trabalho, custos do trabalho e sua relação com a reputação", esta definição considera o trabalho como uma medida de uso de recursos que é uma função da produtividade do trabalho por unidade de custo do trabalho com a seguinte fórmula:

Eficiência do trabalho - <u>produtividade do trabalho</u>   **(1)**
Custos de mão de obra.

A fórmula seguinte mede os custos médios de mão de obra por trabalhador;
Mão de obra - <u>custos totais da mão de obra</u>   **(2)**
Empregados

Produtividade do trabalho - <u>Rendimento</u>
       Empregados   **(3)**

Estes cálculos baseiam-se nas variáveis do volume de negócios das empresas, a fim de determinar o nível de produtividade relacionado com a RSE.

Os cálculos indicativos acima mostram claramente que as empresas com RSE têm mais probabilidades de obter lucros, apesar das despesas mais elevadas em actividades de responsabilidade social. Estas actividades promovem uma maior produtividade e a reputação da empresa na respectiva comunidade.

c. Considerações sobre a RSE: Quais as partes interessadas a que deve ser dada prioridade nas iniciativas de RSE?

Brown Jill A & Forster, William, R (2013) reconhecem a importância de as empresas escolherem cuidadosamente as suas iniciativas de RSE. As empresas precisam de distinguir entre direitos perfeitos e imperfeitos nas suas comunidades. A lei moral da justiça e da beneficência de Smith afirma que, ao selecionar um programa de iniciativa de RSE, "o direito perfeito deve ter precedência sobre o direito imperfeito". Sanchez & Benito-Hernandez (2015) sugerem que a reforma legislativa, a orientação para o lucro, o contexto nacional, o desenvolvimento histórico e as estruturas institucionais são um critério para as iniciativas de RSE. Brown & Foster (2013) também sugerem que as empresas devem ter cuidado para não violar os direitos perfeitos e imperfeitos ao implementar iniciativas de RSE nas suas comunidades.

Sanchez & Benito-Hernandez (2015) fizeram duas comparações para promover o bem-estar dos funcionários através de uma maior compensação e uma contribuição de caridade para instituições de caridade locais para melhorar a imagem da empresa na comunidade e aumentar suas vendas. Para beneficiar das iniciativas de RSE, (Sanchez & Benito-Hernandez 2015) centraram-se mais nas relações da empresa com a comunidade, os empregados, o ambiente e os processos responsáveis e a qualidade dos produtos como base para uma maior produtividade. Stuebs & Sun (2010) em (Sanchez & Benito-Hernandez 2015) enfatizaram a reputação de uma empresa como uma força motriz para o início das actividades de RSE. Schreck (2011) in (Sanchez & Benito-Hernandez 2015) identificou os seguintes mediadores competitivos que contribuem para melhorar a reputação e a competitividade da empresa a nível da comunidade: 1) melhoria das operações; 2) redução de custos; 3) acesso ao crédito e ao mercado de capitais; 4) retenção e recrutamento de funcionários; 5) motivação dos funcionários; 6) inovação; e 7) gestão de riscos. Estes sete domínios

Os factores de desenvolvimento são vistos como processos progressivos que, quando aplicados, conduzem à sustentabilidade empresarial. A reputação de que uma empresa goza na comunidade através da sua responsabilidade social leva a uma vantagem competitiva sobre os seus concorrentes no mesmo sector. Uma relação amigável entre a empresa e os seus empregados pode também levar a um aumento da produtividade e da inovação. A imagem da empresa numa comunidade é vista como uma ferramenta essencial para aumentar a produtividade, a quota de mercado e a qualidade dos produtos. Estas ferramentas essenciais só podem ser alcançadas através de uma política adequada que responda às necessidades das organizações e da comunidade. Uma política organizacional centrada na RSE melhorará certamente a imagem da empresa e esta não é uma medida lamentável.

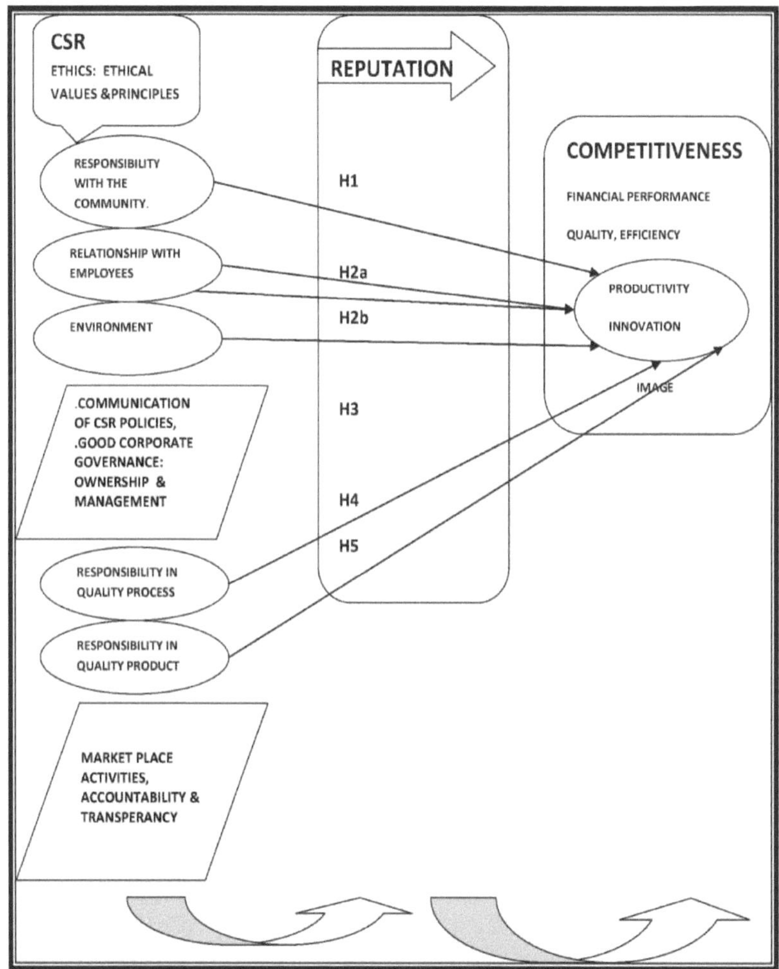

Figura 6.1 Efeitos das medidas de RSE na competitividade. Fonte:(Sanchez & Benito-Hernandez 2015: Modificado pelo autor)

As principais hipóteses são analisadas de seguida para ajudar o leitor a compreender a Figura 6.1. Do que precede depreende-se que existe uma boa relação entre os factores

Partes interessadas que contribuem para criar confiança, lealdade e segurança entre consumidores, gestores e empregados (Sanchez & Benito-Hernandez 2015).

A *hipótese 1* mostra claramente uma relação positiva entre o trabalho e a

23

produtividade com os stakeholders e a comunidade. Na perspetiva de (Sanchez & Benito-Hernandez 2015), os ganhos com a RSE por parte dos colaboradores melhoram o seu desempenho e aumentam a produtividade. Segundo os autores, a capacitação dos funcionários e a percentagem de custos laborais promovem o desempenho dos funcionários no local de trabalho e a retenção dos mesmos. A fórmula seguinte fornece a recíproca da eficiência laboral:

Distribuição do valor das vendas pelos trabalhadores = <u>custos totais da mão de obra</u>   **(4)**
Venda de

Esta análise inverte claramente a relação negativa entre a produtividade do trabalho e a eficiência do trabalho para uma relação positiva.

A hipótese 2a (Sanchez & Benito-Hernandez 2015) encontrou uma correlação negativa entre o trabalho e a produtividade em relação aos custos do trabalho em percentagem do valor das vendas.

Em contrapartida, *a hipótese 2b* (Sanchez & Benito-Hernandez 2015) registou uma correlação positiva entre a produtividade e as despesas de formação dos trabalhadores. No entanto, há respostas mistas sobre o impacto dos estudos académicos, das economias de custos e dos investimentos ambientais. A longo prazo, (Sanchez & Benito-Hernandez 2015) encontram de forma fiável uma relação positiva entre o investimento ambiental e a poupança de custos devido à redução da poluição e dos custos de seguro, à diminuição dos custos de energia e à redução dos resíduos.

A hipótese 3 afirma que não existe correlação entre as despesas ambientais e a produtividade do trabalho.

Na *hipótese 4*, por outro lado, a produtividade do trabalho está positivamente relacionada com o controlo de qualidade e os processos operacionais. Através desta análise, o desempenho da inovação e a RSE podem estar positivamente ligados, mesmo que as relações com os custos e os impactos não sejam claramente indicadas. O resultado positivo da RSE e da inovação pode conduzir a três objectivos: Envolvimento das partes interessadas, oportunidades de negócios através de desafios sociais e ambientais. Zhu, Yan et al (2014) colocaram a brilhante questão de saber por que razão "as empresas devem assumir a responsabilidade pelas partes interessadas não económicas, como os trabalhadores, os clientes e a comunidade".

(Cockburn, Henderson & Stern 2000) em Zhu, Yan et al. (2014), a resposta é que a RSE melhora a sustentabilidade, a responsabilidade, a reputação, o empenhamento, o desempenho e a produtividade das organizações.

d. A sustentabilidade como estratégia

Verschoor, Curtis C. (2014) salienta que a melhoria da reputação conduz a resultados positivos para a organização. Uma estratégia sustentável que as organizações podem adotar é investir em projectos de caridade locais para demonstrar o seu benefício social aos clientes. Verschoor (2014) aponta para uma forte "ligação entre as acções dos clientes e os seus desejos de impacto social positivo" resultante de um inquérito em linha intitulado "Doing Good" em 60 países para determinar "o grau de compromisso dos clientes com práticas sustentáveis nas suas decisões de compra".

i. Áreas de preocupação

Verschoor (2014) enumera seis áreas que são de particular preocupação para os consumidores globais: Melhoria do acesso à água potável, melhoria do acesso ao saneamento, erradicação de doenças não transmissíveis, sustentabilidade ambiental e redução da mortalidade infantil. Verschoor (2014) oferece uma abordagem em cinco partes para as empresas interessadas numa estratégia de marca de sustentabilidade bem-sucedida:
- Visão - os gestores devem ser claros, realizáveis e globais
- Advocacia - obter medidas de gestão de topo.
- Estratégia - concentrar-se na coerência e nas mensagens para o exterior.
- Responsabilização - utilização de indicadores-chave de desempenho internos e externos.
- Medição - quantificação dos resultados e do retorno do investimento em todos os mercados.

Estas áreas são da maior importância para a estratégia de sustentabilidade na marca das empresas.

7. O desenvolvimento de sete disciplinas

Ulrich, Dave & Smallwood, Norm (2013) observaram sete disciplinas aplicáveis nas organizações na sua investigação sobre a sustentabilidade da liderança.

Simplicidade - concentrar-se nos principais aspectos comportamentais que farão a maior diferença. Um líder confrontado com a complexidade precisa de uma abordagem simples e substitutiva

Agrupar, dando prioridade aos tópicos mais importantes com medidas, transformando fenómenos complexos em padrões (Ulrich, Dave & Smallwood, Norm 2013).

Tempo - Um bom líder mostra as suas prioridades através dos seus desejos e não através de discrepâncias incómodas entre a intenção e a realidade. O tempo é precioso e depende da forma como o líder gasta o seu tempo. Onde e como gasta o seu tempo é uma estrutura essencial para um bom líder. Um investimento cuidadoso no tempo conduz à mudança.

Responsabilidade - Um bom líder assume a responsabilidade por quaisquer falhas dos seus subordinados no cumprimento das promessas. Liderança sustentável significa cumprir os seus objectivos (visões, missões e declarações estratégicas). A confiança e o cinismo não se misturam bem com a liderança e prejudicam o empenhamento. Assumir a responsabilidade, comprometendo-se com os outros, é um fator importante para um estilo de liderança sustentável.

Recursos - A criação de recursos intangíveis para apoiar as mudanças desejadas é uma ferramenta importante para a sustentabilidade da liderança. Alinhar o desenvolvimento do capital humano com a política organizacional pode apoiar eficazmente a mudança de liderança.

Acompanhamento - Acompanhar o desempenho dos subordinados antes de os recompensar é um pré-requisito importante para a sustentabilidade da liderança. Todos os esforços dos funcionários devem ser quantificados e monitorizados. As métricas são "transparentes, oportunas, fáceis de medir e ligadas às consequências" (Ulrich, Dave & Smallwood, Norm 2013). Os registos de acompanhamento podem ser tecidos como um quadro de pontuação para posterior utilização e monitorização.

Melioração - *aprender* com as lições e melhorar através da resiliência. A sustentabilidade da liderança tem a ver com a perseverança em todas as áreas de fracasso. O princípio da perseverança consiste em experimentar com frequência e não congelar perante o sucesso.

Emoções - Escutar emocionalmente a sua própria consciência é essencial para a sustentabilidade da liderança. A agenda intelectual e as emoções fortes são uma combinação ideal para a sustentabilidade da liderança - de acordo com (Ulrich, Dave & Smallwood, Norm 2013) "a ação sem paixão não durará, nem a paixão sem ação". Uma boa auditoria de liderança envolve identificar os seus próprios pedidos de mudança, mudar o comportamento dos outros e garantir que os pedidos de mudança são implementados e cumpridos (Ulrich, Dave & Smallwood, Norm 2013). stA disciplina, tal como definida pelo Chambers 21 Century Dictionary, é "a formação rigorosa ou a aplicação de regras destinadas a estabelecer a ordem e a controlar o comportamento de si próprio ou dos outros", o que, em conjunto com os elementos de tendência, pode significar uma forte sustentabilidade da liderança.

8. A sustentabilidade é um problema complexo

Metcalf, Louise & Benn, Sue (2013) recordam-nos a complexidade da sustentabilidade humana nas organizações. Esta afirmação foi sustentada por personalidades conhecidas

Os académicos Beddoe, Costanza, Farley, Garza, Kent, Kubiszewski, Martineza, McCowen, Murphy, Myers, Ogden, Stapleton e Woodward concluem que os esforços sustentados das organizações para desmistificar a situação exigem uma abordagem nova e multi-integrada para redesenhar o sistema socioecológico que se concentra diretamente no objetivo de "qualidade de vida sustentável e não no objetivo de crescimento material ilimitado" (Metcalf & Benn 2012) em Metcalf, Louise & Benn, Sue (2013) argumentam ainda que as organizações precisam de "reconhecer os sistemas ambientais, económicos e sociais complexos, interligados e dinâmicos nos quais as organizações estão inseridas como actores". Estes sistemas sociais são ligações entre tecnologia, economia e valores sociais que devem ser abordados e compreendidos para alcançar a sustentabilidade nas organizações e instituições. A tecnologia, a inovação e a economia e a sua aplicabilidade a nível social criam valor para o dinheiro. A tecnologia e a inovação são ferramentas avançadas e aplicáveis num mundo científico em mudança. Os bons papéis de liderança recomendam a adoção da tecnologia e da inovação a nível organizacional como um quadro concetual integrador na gestão. As mudanças exigem que os líderes integrem a tecnologia na mentalidade da gestão de topo.

9. Compreender as relações entre a tecnologia, a economia e os valores sociais.

Loewer, Otto, J (2011) recomenda que os líderes esclarecidos comuniquem eficazmente com públicos diversos sobre futuros previsíveis. Para abordar estas ligações, (Loewer, Otto, J. 2011) fornece um quadro concetual intuitivo denominado "Latesvologia" para promover uma comunicação eficaz entre diversas origens, experiências e conhecimentos. A "Latesvologia" é um conceito para explorar as ligações entre tecnologia, negócios e valores sociais. O autor recorda-nos as rápidas mudanças nos custos da energia e as incertezas financeiras como preocupações crescentes que têm de ser abordadas.

Ho Simon, S. M. et al. (2015) investigaram e observaram que as caraterísticas financeiras, a aversão ao risco e a sensibilidade ética são aspectos contábeis importantes para o sucesso empresarial. Loewer (2011) apontou que o desempenho corporativo é previsível no nível macro através do modelo conceitual da Latesvologia. De acordo com o modelo concetual da Latesvologia (Loewer 2011), a mudança social ao nível macro é uma força que está atualmente a aumentar a um ritmo acelerado. O autor incentiva as organizações e os indivíduos a implementarem soluções viáveis que conduzam a uma "prosperidade e bem-estar sustentáveis num futuro previsível". Lloyd-

Walker & Walker, Derek (2012) referem que são necessárias aptidões e competências para influenciar os outros. Estas aptidões e competências só podem ser adquiridas através da honestidade e da inteligência emocional, que são factores-chave a nível organizacional. A nível organizacional, é da maior importância olhar criticamente para os factores de influência, como os valores sociais, a tecnologia e a economia. Loewer (2011) explica que "a tecnologia é o principal motor do negócio e o negócio é o principal motor dos valores sociais e a sociedade é o principal motor da tecnologia" como premissa geral. A figura 9.0 *ilustra o ponto de vista dos investigadores académicos.*

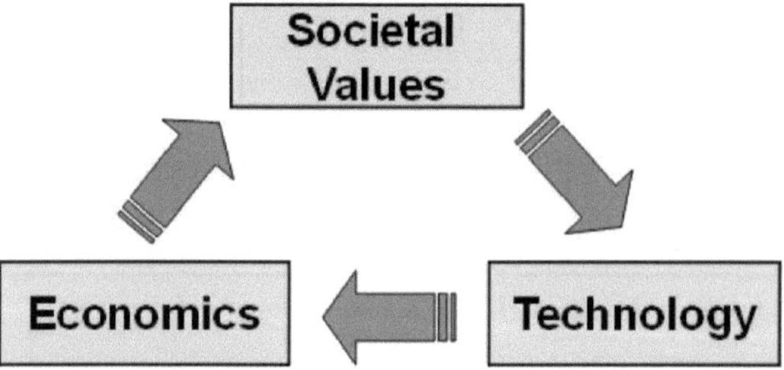

Figura 9.0 Principais factores conceptuais e relacionais do modelo concetual da Latesvologia.

Lloyd-Walker & Walker, Derek (2012) acrescentaram um fator unificador chamado autenticidade. Os valores de liderança sem autenticidade reduzem o valor de um líder a zero. Presume-se que um líder autêntico tem a capacidade de diálogo para resolver problemas sociais, influenciando positivamente os participantes para cima, para baixo, para os lados, para dentro de si próprios e reflectindo-se nos outros.

10. Ligação dos factores para o desempenho da sustentabilidade

Epstein, Marc, J. e Buhovac, Adriana, R. (2014) sugerem que

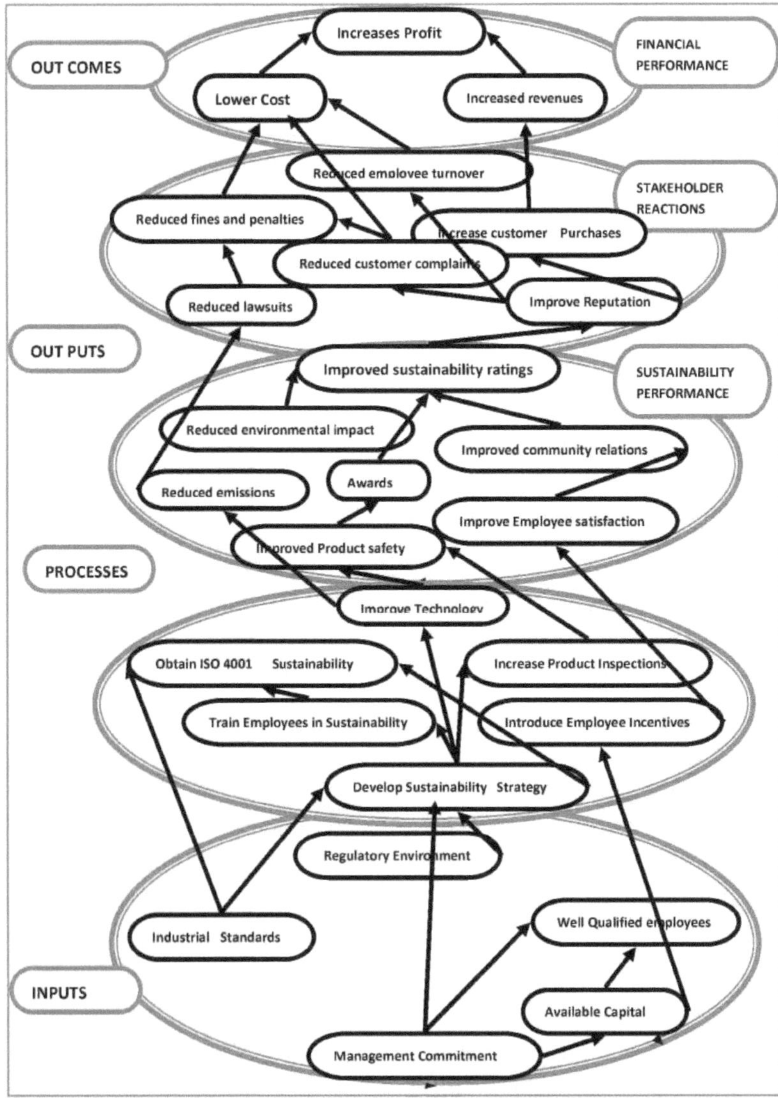

Figura 10.1 Causalidade dos factores de desempenho da sustentabilidade, fonte: (Epstein & Buhovac 2014 - modificado pelo autor)

Os modelos de sustentabilidade para os líderes têm de estar ligados a indicadores de desempenho específicos como base para a melhoria a nível organizacional. Os princípios de gestão exigem que os líderes se concentrem mais no êxito financeiro da sua organização e nos níveis - a gestão das pessoas para obter lucros, e não perdas, depende da forma como os factores de produção são realizados em termos quantitativos ou financeiros. Um bom líder considera os factores de risco quantitativos e qualitativos da causalidade (inputs) para determinar a exatidão numérica dos riscos antes da ocorrência de uma catástrofe.

a. A integração da sustentabilidade

Freeman (1984) sublinhou em Thomas, Tom, E & Lamm, Eric (2012) que o valor organizacional é de extrema importância para os gestores e líderes que implementam estratégias empresariais. O melhor valor organizacional de um líder é a inclusão regular da responsabilidade social das partes interessadas. A prática de estratégias de responsabilidade social das empresas conduziu a um desempenho empresarial sustentável na maioria das organizações globais de elite. (KPMG 2008 p. 30) em Thomas & Lamm (2012) recomenda que a sustentabilidade ou a responsabilidade social sejam integradas como uma arma de defesa contra forças externas, como as partes interessadas ou a pressão regulamentar. (Rwabizambuga 2006) in Thomas & Lamm (2012) recomenda que os líderes empresariais integrem estrategicamente a sustentabilidade nos processos operacionais de tomada de decisão para maximizar os lucros, reduzir os custos, aumentar as vendas e melhorar a qualidade. (Haugh & Talwar 2010) in Thomas & Lamm salienta que a formação no local de trabalho é uma solução alternativa para os princípios de sustentabilidade, a fim de incentivar a cooperação e o apoio a iniciativas de sustentabilidade.

11. Gestão dos desafios e riscos em matéria de sustentabilidade

Smith, Timothy (2011) salienta que a escassez de recursos, o aumento da população e as perturbações climáticas são desafios que as empresas de todo o mundo estão a enfrentar. Estes desafios têm de ser enfrentados para evitar impactos na sustentabilidade das empresas. Estes desafios só podem ser enfrentados através de um compromisso com a responsabilidade social das empresas (RSE), estabelecendo objectivos para monitorizar e reduzir os impactos. Outro fator na prevenção de riscos é a estabilidade da reputação de uma empresa. Smith (2011) aconselha os gestores a construírem uma boa relação com os clientes e os empregados.

Lourenço, Isabel. C et al (2014), no seu relatório sobre a sustentabilidade empresarial para o Pacto Global das Nações Unidas e a Accenture, salientam a importância da reputação como uma vantagem sobre os concorrentes. De acordo com (Lourenco, Isabel. C et al 2014), a sustentabilidade empresarial em conjunto com a reputação é vista como um recurso valioso para o desempenho empresarial. Aparentemente, existe uma "correlação positiva entre a reputação de boa sustentabilidade e o desempenho financeiro" (Lourenco, Isabel. C et al 2014). Recomenda-se que os gestores considerem os potenciais factores de risco, integrando os aspectos sociais, ambientais e económicos relacionados com o negócio para obter resultados eficazes. Smith (2011) considera a confiança como um fator crítico que conduz à prosperidade, uma vez que a liderança se baseia na fiabilidade. De acordo com a Accenture, a maioria dos clientes baseia as suas decisões de compra na sua perceção da fiabilidade da organização. Na perspetiva de Smith (2011), os bons líderes são obrigados a incluir a sustentabilidade como um elemento-chave nas estratégias empresariais para construir a reputação no mercado. Ao nível da comunidade ou da organização, os bons líderes devem provocar mudanças na reputação através das suas práticas de liderança transformacional.

12. Aceitar o desafio da tecnologia e da inovação

O crescimento sustentável do sector da energia na África Subsariana (ASS) só é possível através de uma boa liderança que facilite a inovação sob pressões globais que exigem uma inovação constante (Chen, M, et al 2012). De acordo com (Chen, M, et al 2012), o mundo dos negócios mudou de "West leads East" para "West meets East" e, neste contexto, é necessária uma boa liderança na ASS para um crescimento económico sustentável no mercado global. Estes desafios exigem que os estilos de liderança transformacional promovam a inovação, uma vez que têm como objetivo a mudança e a inovação. Os líderes transformacionais são mais adaptáveis à inovação tecnológica a nível da unidade empresarial estratégica da comunidade, o que geralmente explica melhor os conhecimentos, as práticas, as competências e as culturas internas.

e os resultados da inovação. Existem vários estudos empíricos que investigam a relação entre a liderança transformacional e a inovação empresarial, com resultados contraditórios. Keller (2006) e Chen, M. et al. (2012) verificaram o impacto positivo da liderança transformacional no desempenho da inovação organizacional, enquanto os resultados de Jaussi e Dionne (2003) e Chen, M. et al. (2012) foram negativos. De acordo com Chen, M. et al. (2012), os líderes transformacionais desempenham um papel essencial na criação de um ambiente psicologicamente seguro e dão o tom para que a inovação floresça.

Bell, C.R. (2013): Ao nível da comunidade, povoada por líderes genuínos e autênticos, há várias formas inovadoras de admitir publicamente os erros, incutindo uma cultura de responsabilização e defendendo uma interação aberta e uma comunicação sem adulterações. Um bom líder deve abominar a coscuvilhice e os segredos zombeteiros e prefere trabalhar num ambiente de transparência.

a. Inovação tecnológica Estratégia e planeamento

Chen, M., et al. (2012) salientaram que a inovação tecnológica deve ser integrada na inovação de serviços para reforçar o serviço ao cliente. A inovação do cliente é necessária para sustentar o empreendedorismo e melhorar os processos organizacionais de produção e distribuição, que são ferramentas estratégicas importantes para abranger as caraterísticas, a funcionalidade do produto, a modelação, a qualidade dos materiais e a embalagem. (Jung et al. 2008) e Chen, M. et al. (2012) acreditam que a liderança transformacional pode ajudar as unidades empresariais a melhorar as caraterísticas dos produtos ou serviços para satisfazer uma necessidade do mercado e aumentar a eficiência do desenvolvimento e comercialização de produtos. A nível da comunidade, os líderes transformacionais podem proporcionar uma motivação inspiradora, criando e comunicando uma visão centrada no cliente para capacitar os seguidores a agir de acordo com essa visão e, assim, promover a inovação tecnológica.

Pratoom, K. & Savatsomboon, G. (2012) descobriram que a inovação tecnológica pode ser reforçada através da combinação da criatividade, um fator que influencia a inovação de grupo. A maioria dos empresários está mais interessada em explorar a inovação individual e os seus factores antecedentes ao nível do grupo. A nível competitivo, os empresários comunitários são encorajados a desenvolver a inovação prática como um importante mecanismo de melhoria. A inovação prática a nível comunitário consiste em melhorar os conhecimentos e os recursos de cada um para criar valor e ganhar a vida sem migrar para as cidades para criar valor. Para transformar uma comunidade, um líder deve elevar a qualidade dos produtos comunitários a um nível igual ao do mundo.

normas e a expansão do mercado a nível internacional através de actividades de desenvolvimento da inovação.

Chen, M, et al (2012) também salientaram que os líderes transformacionais são capazes de apresentar perspectivas diferentes e novas como um estímulo intelectual para incentivar os seus seguidores a adoptarem um estilo de pensamento exploratório no seu trabalho. Pratoom, K. & Savatsomboon, G. (2012) afirmam que, na conceção de produtos únicos, os processos de pensamento, a conservação da natureza, a sabedoria local, a cultura e as tradições ao nível da comunidade devem ser considerados entre os líderes transformacionais cujos modelos de gestão incentivam comportamentos não convencionais e criativos para aumentar a inovação dos funcionários através de influências idealistas.

Vários autores ((McLean, 2005; Parzefall, Seeck, & Leppänen, 2008) em Pratoom, K, & Savatsomboon, G (2012) sugeriram que a criatividade e a inovação individuais, bem como a liderança, podem melhorar as culturas construtivas em que a assunção de riscos é apoiada. Nos países em desenvolvimento, a evitação da incerteza é moderadamente elevada no contexto cultural, o que exige as melhores estratégias para reduzir os factores de risco associados. No contexto comunitário, a inovação dos trabalhadores não pode ser impedida. Por conseguinte, a cultura de grupo pode ser um fator importante que pode apoiar modelos inovadores na conceção de produtos e grupos de produtores. **A Figura 12. 1** ilustra este quadro teórico do estudo a nível comunitário. Este modelo foi testado em vários grupos colaborativos de desenvolvimento de produtos e de produtores na Tailândia e pode ser aplicado ao sector da energia de qualquer país em desenvolvimento.

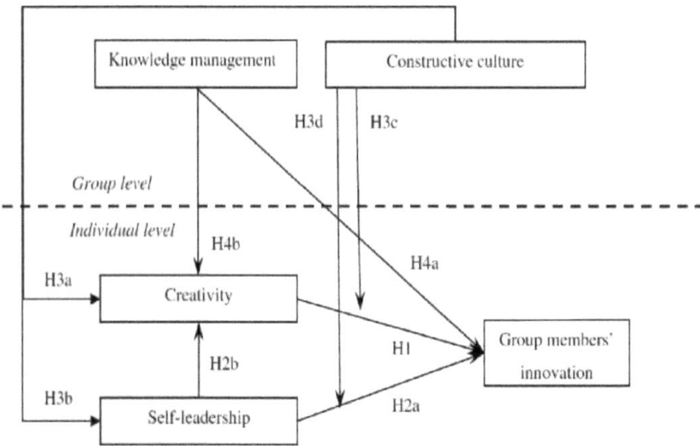

Figura 12 1. Fundamentação teórica e hipóteses Fonte: Pratoom, K, & Savatsomboon, G (2012)

A inovação é definida por Pratoom, K, & Savatsomboon, G (2012) como novos produtos, serviços ou processos de trabalho que dão a uma empresa uma vantagem competitiva. Os teóricos da criatividade (por exemplo, Amabile, 1999; Amabile, Conti, Coon, Lazenby, & Herron, 1996) em Pratoom, K, & Savatsomboon, G (2012) definem a inovação como a implementação bem sucedida de ideais criativos a nível organizacional. Combinando as duas definições de criatividade e inovação, o autor deriva a inovação de grupo como produtos ou processos novos e úteis que podem ser implementados com sucesso ao nível da comunidade.

b. Inovação Promoção e gestão do processo de inovação

Chen, M., et al. (2012) esclareceram que através do foco, os gestores podem identificar situações organizacionais que permitem maiores resultados de inovação. Existem duas condições de fronteira para a influência gerencial proposta por (Oke, Munshi, & Walumbwa 2009) em Chen, M, et al. (2012): Criar um ambiente onde a inovação é procurada (cultura de inovação) combinada com políticas padrão como sistemas inovadores chave para recompensar os esforços de inovação que incentivam a inovação. A cultura organizacional deve ser concebida para apoiar a inovação quando o comportamento inovador é recompensado.

Bell, C.R. (2013) salienta que a generosidade de um líder se baseia em dar aos membros da equipa mais do que eles precisam. Dar é uma atitude assertiva, não recíproca (Bell C.R.2013). De acordo com Bell, C.K. (2013), um líder inovador deve ser um pioneiro corajoso que está disposto a suportar "flechas nas costas" emocionais quando entra em território desconhecido. No entanto, um bom líder também tem de acarinhar os mavericks talentosos, excêntricos e pouco convencionais que ocasionalmente entram na sua organização. Estas personalidades dotadas trazem bênçãos mistas, mas também podem ser extremamente teimosas, egoístas, desrespeitosas e, por vezes, quase loucas. Devem existir critérios de seleção destas personalidades a nível comunitário e organizacional.

Ao nível da comunidade, o comportamento de liderança deve incorporar actividades de inovação em sistemas empresariais que promovam eficazmente a mudança industrial. O líder transformacional deve estar disposto a elevar os valores pessoais e os auto-conceitos dos seguidores e encorajá-los a transcender os seus próprios interesses para o bem da organização. As caraterísticas inovadoras a ter em conta pelo líder transformacional são: Influência idealizada,

motivação inspiradora, estímulo intelectual e apoio personalizado.

O líder idealizado ou a influência carismática representa o facto de o líder ser respeitado, admirado e merecedor de confiança. A motivação inspiradora refere-se à injeção e ao desafio no trabalho dos seguidores através da articulação de uma visão atractiva do futuro. A estimulação intelectual refere-se à medida em que o líder encoraja os empregados a desafiarem os pressupostos existentes, a olharem para os problemas de novas formas e a abordarem situações antigas de novas maneiras. Consideração individualizada significa prestar atenção às necessidades individuais de desempenho e crescimento dos seguidores, actuando como treinador ou mentor ao nível da comunidade (Chen, M, et al. 2012). *A Figura 12.1 ilustra os processos de liderança transformacional.*

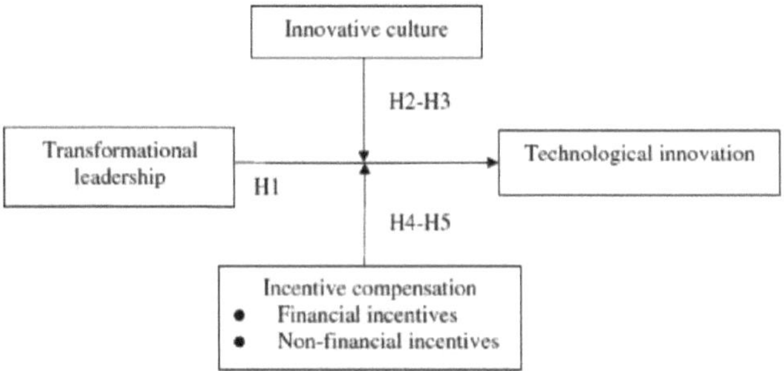

Figura 12.1 Processos de liderança transformacional. Fonte: (Chen, M, et al 2012).

A investigação sobre liderança transformacional (Graham, Katrina et al. 2015) mostra elementos motivacionais, inspiradores e idealistas que ajudam os trabalhadores a atingir determinados objectivos. De acordo com a investigação, estes elementos desviam a atenção dos trabalhadores, mas com resultados gratificantes.

Ertureten, Aysegul et al (2013), por outro lado, rotularam o estilo de liderança transformacional como autoritário com elementos maus, destrutivos e de intimidação que são inadequados a nível comunitário. Os líderes autoritários tendem a caraterizar-se por um forte controlo, humilhação e manipulação dos seus subordinados no trabalho. Este tipo de liderança atrasa o progresso a nível da comunidade e da organização. Em contraste, os líderes transformacionais são altamente carismáticos e perseguem objectivos claros e visionários para inspirar os funcionários a irem mais longe nas suas tarefas. Aßlander, Michael et al. (2011) justifica este estilo de liderança como um elemento indispensável e ético que impulsiona a melhoria organizacional. O autor afirma ainda que, durante a crise económica global, a falta de liderança transformacional levou à incerteza entre consumidores, empregados e credores em todo o mundo. Qualquer comportamento humano não ético pode levar involuntariamente a falhas organizacionais (Graham et al. 2015).

12. 3Utilização estratégica da tecnologia e da inovação

Tschirky, Hugo (2013) descreveu a tecnologia acelerada como um elo perdido e um desafio para o desenvolvimento industrial e social. A tecnologia, enquanto elo perdido, teve impacto em áreas da vida humana e da nossa economia. É óbvio que a melhoria desta situação insatisfatória poderia ser alcançada através de um sistema eficaz de gestão da tecnologia em todas as organizações e comunidades para o futuro competitivo de uma nação. A gestão da tecnologia é entendida por (Tschirky 2013) como a *"gestão da tecnologia que combina disciplinas de engenharia, ciência e gestão para planear, desenvolver e implementar capacidades tecnológicas para moldar e atingir os objectivos estratégicos e operacionais de uma organização". A investigação* académica *ilustra este aspeto na Figura 12.2*

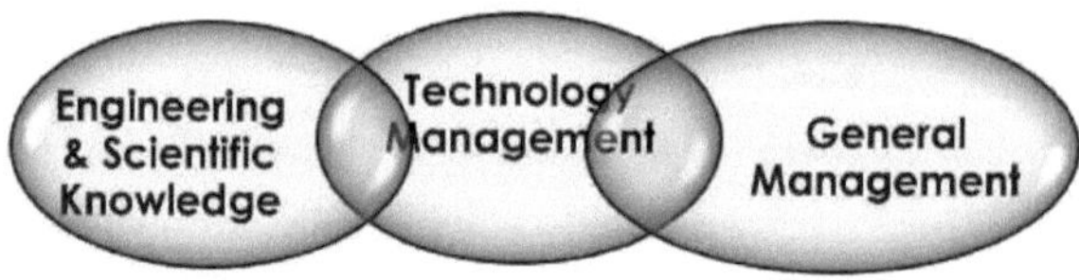

Figura 12.2 Gestão das tecnologias: "o elo perdido" Fonte: (Hugo Tschirky 2013: Modificado pelo autor).

Phaal Robert et al (2013) rotulou criticamente a lacuna como uma falha da gestão em concentrar-se APENAS em questões não tecnológicas sem as integrar verdadeiramente como teoria na gestão empresarial. A gestão da tecnologia deve ser vista como integrada na gestão geral. A tecnologia deve ser integrada em partes elementares das actividades de gestão como um bom gestor. A ligação entre a tecnologia e a estratégia de gestão empresarial é um instrumento essencial para obter vantagens competitivas. As tecnologias são entidades parcialmente geríveis que representam conhecimentos, competências, métodos e equipamentos específicos que facilitam a aplicação de conhecimentos científicos de engenharia" (Phaal Robert et al 2013). Tschirky, Hugo (2013) aconselha os gestores a traduzirem as políticas em estratégias abrangentes quando se trata de utilizar a tecnologia e a inovação como uma vantagem competitiva. De acordo com Tschirky (2013), são necessárias estratégias para selecionar as tecnologias adequadas para desenvolver produtos e serviços para o presente e o futuro. Os gestores têm de estar atentos quando selecionam uma tecnologia para produtos e serviços, quer internamente quer em colaboração com outras organizações. Os executivos devem efetuar uma análise dos benefícios e dos riscos antes de finalizar a escolha de uma tecnologia. Tschirky (2013) salienta que as alianças estratégicas, a gestão de processos, bem como as estruturas inovadoras e promotoras de inovação são tendências relevantes na gestão estratégica da tecnologia. O investigador ilustra *as estratégias tecnológicas* integradas *na Figura 12.3*

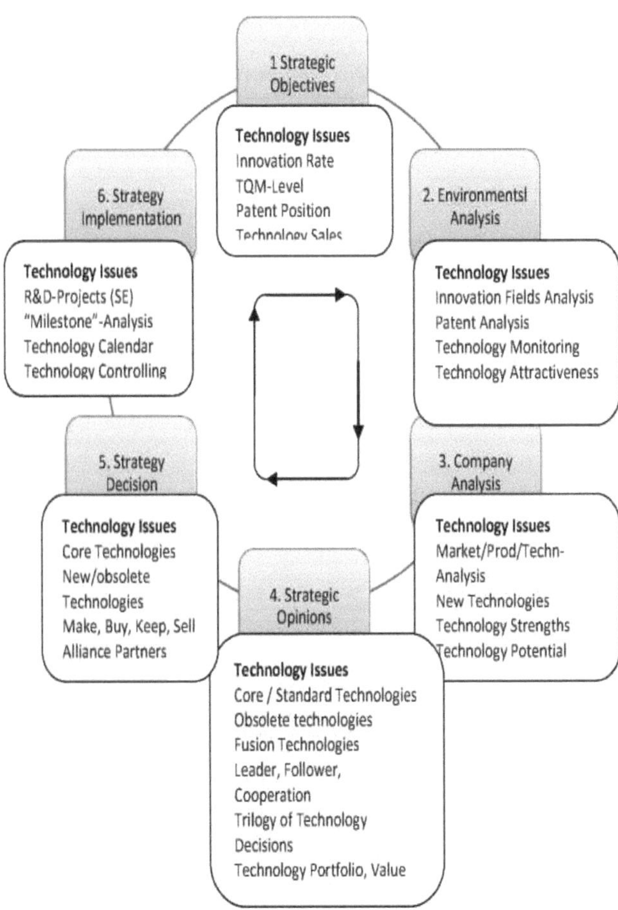

Figura 12.3 Integração das questões tecnológicas no planeamento estratégico da empresa.
Fonte: (Tschirky, in Tschirky e Koruna 2013, modificado pelo autor)

Obviamente, estas ideias nunca foram integradas nas salas de reuniões devido a uma falta de visão para a adoção de um quadro concetual tecnológico adequado (Probert, David in Tschirky 2013). Probert propôs três níveis de gestão geral no contexto da obtenção de um bom resultado comercial.

- *Política* - A política engloba a cultura e a estrutura no âmbito das quais as actividades empresariais são conduzidas.
- *Estratégico* - formulação da estratégia e fases de implementação a longo prazo.
- *Operacional* - processos de desempenho empresarial, estruturas e objectivos no âmbito dos quais a atividade diária é conduzida. obert, David et al. in Tschirky (2013) fornecem um modelo de processo de gestão estratégica da tecnologia para integrar as principais ferramentas analíticas - árvore tecnológica para mostrar a agregação de tecnologias individuais para satisfazer as necessidades do mercado.

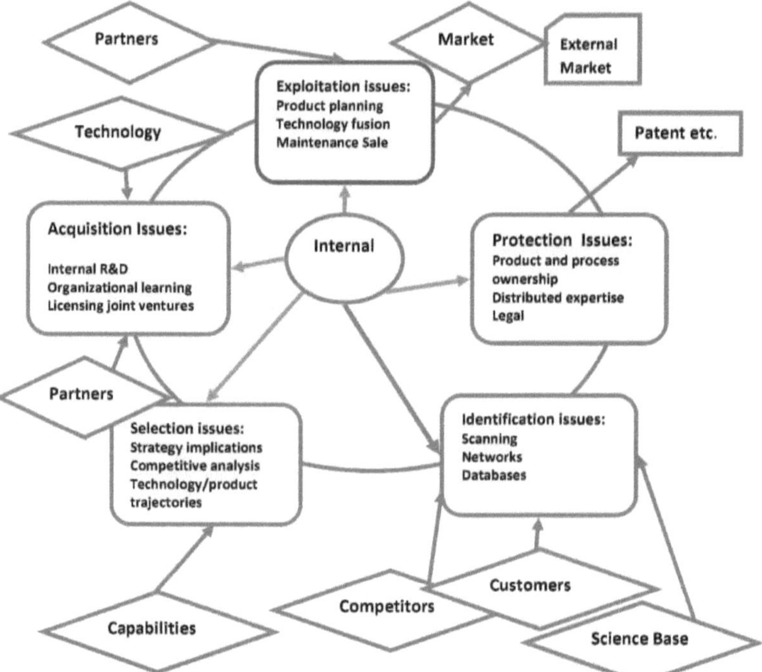

Figura 12.4 Modelo de processo de gestão tecnológica Fonte (Tschirky 2013 - modificado pelo autor)

13. Modelos de liderança emergentes

Os gestores ainda podem identificar bons modelos de liderança nos grupos de trabalho. A questão fundamental é saber quais os factores que levam ao desenvolvimento de qualidades de liderança nos grupos de trabalho. Os factores determinantes de uma liderança eficaz e a natureza da emergência da liderança nos grupos permanecem indefinidos. Li, Y, et al. (2012) investigaram os factores, como a estabilidade emocional individual e o conflito de grupo percebido, que afectam a consciência de ser um líder de grupo. Em princípio, os líderes podem emergir das fileiras e exercer a sua influência sem depender da autoridade organizacional. A caraterística de um líder emergente afecta a funcionalidade do líder ao interagir com o grupo que lidera e com a tarefa em que o grupo está envolvido. Um líder de grupo deve melhorar a investigação através de traços emocionais a nível individual que influenciam a emergência em diferentes condições de relações de grupo e de conflito de tarefas. Li, Y, et al. (2012) propuseram um modelo multinível, como mostra a Figura 13. 1. os factores individuais de estabilidade emocional mostrados à esquerda, que se relacionam com as auto-percepções dos membros do grupo sobre as qualidades de liderança emergentes à direita, são modulados pela lente do conflito de grupo (área sombreada).

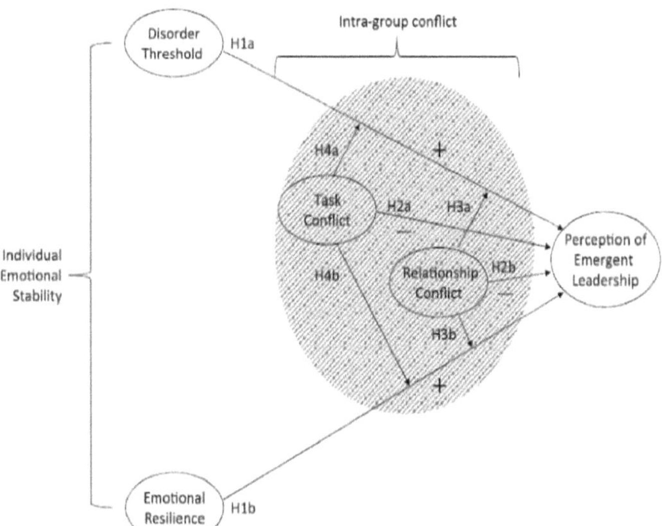

Figura 13. 3° modelo concetual: Fonte: Li et al. (2012)

(Cattell, 1943; Cattell & Schuerger, 2003; Goldberg, 1981; McCrae & Costa, 1987) em Li et al. (2012) discutem em pormenor a estabilidade emocional como uma caraterística pessoal que conduz a fenómenos comportamentais na seleção de um líder. Ao nível organizacional, o desenvolvimento de competências de liderança é um fator necessário a considerar. Li et al (2012) assumiram que a estabilidade emocional é um traço de personalidade saliente. Para colmatar esta lacuna, (Izard, Ackerman, Schoff, & Fine, 2000; Li, Ashkanasy, & Ahlstrom, 2010b; Mayne & Ramsey, 2001; Scherer, 2000) em Li et al. (2012) vêem as emoções como resultado de sistemas auto-organizados através da teoria da auto-organização sem referência a factores externos. Para além disso, a estabilidade é determinada por dois parâmetros: (1) limiar de perturbação emocional e (2) resiliência emocional.

Paul L. (2010) salienta que as capacidades de liderança emergentes podem ser desenvolvidas em toda a organização sem ter em conta as caraterísticas, competências e capacidades do indivíduo selecionado. Como mencionado anteriormente, os líderes são feitos e não nascem, o que se refere à formação de um líder de acordo com os factores de mudança no mundo moderno.

Li et al (2012) recomendam que os gestores incluam o limiar de perturbação emocional como um indicador da estabilidade de um sistema complexo ou de um sistema auto-organizado para resistir ao stress, à ansiedade ou ao pânico.

Li et al (2012) afirmam ainda que a recuperação das emoções negativas através da dimensão da estabilidade emocional pode ser alcançada através da flexibilidade nas tarefas de liderança. (Block & Block, 1980; Block & Kremen, 1996; Lazarus, 1993) salientam em Li et la (2012) que os líderes têm de se adaptar às exigências variáveis das experiências stressantes, respondendo de forma flexível às exigências situacionais variáveis ou recuperando de experiências emocionais negativas. Nos negócios, as experiências emocionais negativas são vistas como problemas com os quais se pode aprender para o futuro. As tendências negativas abrigam sempre oportunidades com as quais os bons gestores podem aprender.

14. Gestão do pessoal e qualidades de liderança

Na opinião de Lloyd-Walker & Walker, Derek (2012), as tarefas de liderança baseiam-se no controlo. No entanto, certos tipos de gestores (gestores de projectos) precisam de ser influentes, ter relações interpessoais e competências políticas, e possuir competências de liderança transformacional para atingir os objectivos de entrega do projeto dentro do orçamento, âmbito e calendário. Um bom gestor de projectos na perspetiva de (Lloyd-Walker & Walker 2012) requer o desenvolvimento de competências para liderar os subordinados.

Froschheiser e Lee (n.d.) sublinharam que os líderes precisam de comunicar a responsabilidade e o reconhecimento através de uma comunicação consistente das necessidades e estratégias aos funcionários da sua comunidade. Ao estabelecer um bom estilo de liderança a nível comunitário, a mensagem sobre mudança e responsabilidade é transmitida. De acordo com (Froschheiser, Lee n.d.), o critério de mudança inclui a gestão, a política, o procedimento, a ideologia, a tecnologia, as competências, o pessoal, etc. Estes elementos exigem uma análise de risco exaustiva para determinar as escolhas comportamentais dos trabalhadores e da comunidade. A mudança, tal como definida pelos princípios de gestão, é o ponto mais alto da tomada de decisões; por conseguinte, a mudança exige uma comunicação clara e o reforço dos métodos desejados e do comportamento dos trabalhadores. Os gestores podem conseguir isto através de reuniões presenciais, da definição de objectivos e da medição dos resultados em relação às acções ou comportamentos. Assim que os primeiros êxitos se tornam evidentes, desenvolve-se uma forte motivação em todos os ciclos de liderança da organização ou comunidade. Quando os empregados vêem que os seus "factores vitais" são bem sucedidos, são obrigados a manter o rumo. Nesta fase, a estratégia é interiorizada e incorporada na cultura do local de trabalho, exigindo a integração da estratégia para resultados consistentes como o novo ADN da empresa para fazer negócios.

Porter (Patanakul, Peerasit & Shenhar, Aaron 2012) lembra aos líderes que devem pensar na estratégia como *"fazer coisas diferentes ou fazer as mesmas coisas de forma diferente".*

Meinert, Dori (2015) salienta que os gestores devem demonstrar experiência, competências e valores como base para o desenvolvimento das competências dos trabalhadores. [0]Os gestores precisam de utilizar a 360º como uma ferramenta de avaliação para desenvolver a consciência financeira dos trabalhadores. Para conseguir uma melhor resolução de problemas, os líderes precisam de fornecer aos seus funcionários múltiplas perspectivas, ideias e inovações para criar uma cultura inclusiva. De acordo com Meinert, Dori (2015), o fracasso exige a criação de um ambiente em que os funcionários possam aprender com os erros, concentrar-se, experimentar e tentar novamente. A formação em mindfulness permite que os funcionários se concentrem em situações incertas e complexas. A qualidade de um líder empenhado inclui estabilidade, versatilidade, boas relações com as pessoas dentro e fora da organização e com a comunidade. Meinert, Dori (2015) salientou que o desenvolvimento de uma grande liderança ocorre através de programas sustentáveis explícitos que estão ligados à estratégia organizacional. Para reter o talento excecional dos funcionários, os líderes devem desenvolver a marca da organização através da formação.

15. Um ambiente em mudança, uma complexidade crescente no sector da energia e a necessidade de um novo paradigma de gestão

Dann, Paul L. (2010) esclarece que uma estratégia de liderança deve apoiar o "fazer" e não o "ser" de um líder. A perspetiva do "fazer" em vez do "ser" afasta-se da visão que enfatiza a forma como um líder deve ser e, em vez disso, centra-se no que deve fazer para liderar a comunidade de forma eficaz. O sucesso a nível comunitário significa que os processos de tomada de decisão são viáveis com uma análise colectiva das questões que afectam a comunidade. O consumo de energia ao nível da comunidade pode ser facilmente planeado e pode ser criada uma rede para garantir o fornecimento eficiente de energia aos agregados familiares dentro da comunidade de uma forma sustentável. A melhor rede prática é a rede de ER, onde a maioria dos agregados familiares é abastecida com energia a partir de um HUB bem concebido que serve a comunidade. Ao utilizar um sistema estratégico de fornecimento de energia, a complexidade pode ser eliminada. Nestes tempos turbulentos, a energia deve ser gerida para utilização a nível comunitário, de acordo com (Dervitsiotis, K, e K 2011). Durante a era industrial, havia uma relativa estabilidade na gestão. O futuro era considerado semelhante ao passado. Eram feitos planos para gerir as actividades empresariais com base em previsões de procura através de vários métodos - actividades de coordenação para satisfazer essa procura esperada. No entanto, na opinião de (Dervitsiotis, K, K 2011), o avanço tecnológico através dos computadores, das telecomunicações e da Internet global, a regulamentação do comércio livre e o desenvolvimento geopolítico global conduziram a uma maior procura de energia como principal espinha dorsal de qualquer economia.

Estas experiências práticas com a tecnologia encorajam o subconsciente a incorporar a qualidade no seu pensamento e no quadro de uma ação eficaz. Dado o enorme desenvolvimento tecnológico, o foco principal de um líder deve ser o fornecimento de energia alternativa de qualidade a nível comunitário. As práticas de gestão a nível comunitário produzirão resultados significativos quando as redes forem integradas para facilitar a manutenção.

16. Sistemas adaptativos complexos

De acordo com Harley, C., Metcalf, L. e Irwin, J. (2012), existem diferentes estilos de liderança para o desenvolvimento individual numa comunidade. Num sistema complexo, a liderança transformacional é necessária para encorajar as pessoas a crescerem para além dos interesses e vantagens pessoais e inspirar mudanças nos valores, crenças, aspirações e compromissos das pessoas para com os sistemas a que pertencem. A prática da liderança a nível comunitário é benéfica quando serve para criar confiança ou integridade e aumentar a resiliência da comunidade. (Erhard, W. H., Jensen, M. C., Zaffron S. 2014) afirmam que a integridade proporciona aos grupos, indivíduos, organizações e sociedades uma abordagem poderosa do desempenho. A integridade pode ser considerada um elemento importante da produção, tal como o conhecimento e a tecnologia. No entanto, a integridade na produtividade tem sido largamente escondida, despercebida ou ignorada pelos economistas e outros (Erhard, W.H., Jensen, M.C, Zaffron S. 2014). De acordo com (Sullivan et al. 2011) em Harley, C., Metcalf, L., Irwin, J. (2012), um líder deve ser diplomático, inclusivo, orientado para o consenso, neutro em termos de opinião e reunir as partes interessadas num processo aberto e equitativo para permitir uma colaboração bem sucedida. Num sistema complexo, um líder deve participar na resolução de tarefas complexas, adaptando o sistema de rede, perturbando o status quo e sendo tolerante à incerteza e à ambiguidade. Harley, C., Metcalf, L., Irwin, J. (2012): Os líderes de borda consideram a complexidade dos problemas através de interações dinâmicas entre os elementos do sistema em um modo colaborativo. A abordagem colaborativa da resolução de problemas contrasta com a abordagem competitiva, em que os membros do grupo competem entre si pelo poder e disputam recursos, e com as abordagens hierárquicas ou de cima para baixo, que normalmente abrigam líderes autoritários que dirigem, ditam e gerem outros membros do grupo (Harley, C, Metcalf, L, Irwin, J 2012). Ao nível da comunidade, um líder num ambiente dinâmico tende a diferir das noções tradicionais de líder e o valor de um estilo envolvente e comunicativo, em vez de um estilo baseado no poder, é reconhecido num sistema complexo. (Boehm et al. 2010) em Harley, Metcalf, Irwin, (2012) os líderes nas comunidades diferem do estado atual da experiência em que a comunidade está numa crise energética ou em que as necessidades fundamentais requerem um

A liderança como um estilo de gestão tradicional. O líder transformacional deve possuir várias competências, como a inovação, a gestão e o planeamento de projectos, a gestão financeira e a orientação para o lucro.

17. Baby boomers vs. líderes adultos no desenvolvimento comunitário

Ao nível da comunidade, existem jovens e idosos com diferentes experiências que podem ser utilizadas para o desenvolvimento económico sustentável. Halvorsen, C., & Emerman, J. (2013) salientam que a segunda metade da vida contém uma "relação de abundância de idade" em que os adultos mais velhos podem aplicar as suas experiências de vida a questões sociais prementes na sociedade que contribuem para uma economia mais saudável. Um bom líder deve concentrar-se no envolvimento dos adultos mais velhos e experientes, em vez de encarar o envelhecimento através de um rácio de dependência da idade, em que os baby boomers e os adultos mais velhos com uma vida inteira de experiência são destacados para resolver alguns dos problemas sociais mais prementes da sociedade. De acordo com Halvorsen, C., & Emerman, J. (2013), a exploração destes recursos ocultos ajudará a criar cidades e bairros seguros, saudáveis e acolhedores para pessoas de todas as idades, para as gerações vindouras. Muitas pessoas estão a mudar-se para as cidades, a trabalhar e a reformar-se, mas as suas comunidades não estão preparadas para satisfazer as suas necessidades. Em 2007, a OMS lançou uma iniciativa para partilhar experiências e aprendizagem mútua entre populações envelhecidas em cidades e comunidades de todo o mundo. Um bom líder deve criar uma iniciativa que ofereça aos idosos a oportunidade de se protegerem financeiramente através do trabalho para complementar outros recursos de reforma.

A liderança a nível comunitário requer estímulo intelectual. Este estímulo intelectual exige que a população mais idosa encoraje os baby boomers a realizarem-se e a aprenderem através da população mais idosa. O líder deve estar disposto a mudar os seus pressupostos, a correr riscos e a solicitar as ideias dos seus seguidores. As ideias dos mais velhos podem ser uma "arma" que pode ser utilizada pelos baby boomers na abordagem de questões sociais a nível comunitário. A população mais velha pode levar as pessoas a pensar de forma independente e a encontrar valores e situações inesperadas com que aprender. Os "baby boomers" a nível comunitário podem não ter a experiência necessária para conduzir o desenvolvimento de projectos comunitários. A estratégia e a criatividade são elementos-chave no desenvolvimento e execução de projectos. A criatividade de um líder, combinada com as competências adquiridas no passado, é um fator a considerar ao contratar um líder comunitário. Ao planear a implementação do projeto, o líder deve considerar a segmentação da carteira.

Williams, C., & Clark Gardner, J. (2012) sugerem que os papéis de liderança surgem em todo o lado, entre todas as pessoas e em todas as culturas. Os autores salientaram que os líderes são escolhidos pela sua força e agilidade. Um bom líder toma a iniciativa de partilhar experiências para evitar um estilo de liderança pré-clássico em que a brutalidade e a opressão são vistas como justificadas.

18. Conclusão.

O mundo moderno exige uma liderança inovadora, transformadora, transacional e autêntica para resolver os desafios económicos globais que a humanidade enfrenta. Um bom líder deve incutir integridade, integridade e responsabilidade nos seus seguidores a nível comunitário, organizacional e presidencial. Os líderes, como já foi dito, não nascem, são feitos, o que exige formação, aprendizagem com os membros da equipa e ensino a todos os níveis que lhes são atribuídos. A resposta à procura sob uma boa liderança deve ser cuidadosamente medida pelos princípios de distribuição. Os princípios de distribuição exigem que a procura seja distribuída de forma adequada e sem favoritismo para os mais necessitados. Para o nível local, prevê-se que as responsabilidades de governação correspondam às suas necessidades e à forma como estes recursos podem ser geridos adequadamente para alcançar o desenvolvimento económico. A responsabilidade social das empresas é um contributo importante para apoiar os mais necessitados na sociedade. Este desenvolvimento económico inclui também um abastecimento sustentável de energia e água. Um abastecimento sustentável de energia e água na comunidade desencadeará um influxo a nível comunitário sem causar dificuldades económicas. Um líder inovador proporá soluções energéticas alternativas para resolver a escassez de energia na comunidade, de modo a que as empresas possam atingir os seus objectivos económicos de forma sustentável, gerando receitas fiscais significativas para a nação e para a comunidade. A base fiscal de qualquer comunidade é muito importante para o desenvolvimento social e económico a nível comunitário, sem estar fundamentalmente dependente do governo central. A gestão da energia é uma arte e uma ciência que exige políticas pragmáticas para resolver os problemas a nível municipal e não nas cidades. Concentrar-se no desenvolvimento urbano sem olhar criticamente para as zonas rurais conduz a uma maior urbanização. A energia é a espinha dorsal de qualquer economia, pelo que a utilização de energias renováveis e a injeção de capital reduzirão a urbanização. A liderança é um requisito básico para qualquer país civilizado que queira alcançar resultados satisfatórios a nível local, organizacional e nacional.

De acordo com Leadership (n.d pp11), um líder transformacional fornece aos empregados a direção para uma visão ambiciosa na liderança sustentável

Implementação. Estas visões estão ligadas a uma estratégia através de medidas com confiança, determinação e otimismo no processo de implementação. O processo de implementação deve ser planeado em segmentos para ser eficaz e bem sucedido. Riggio, Ronald E. (2009) em (Leadership n.d p. 11) enumera alguns traços individuais de liderança transformacional, tais como atribuir tarefas adequadas; fornecer objectivos de equipa claros que os possam inspirar; celebrar os sucessos dos seus seguidores e responder às suas necessidades pessoais; desafiar os seguidores a saírem da sua zona de conforto, uma vez que o trabalho de equipa é a forma de promover a mudança com sucesso, permitindo que os seguidores aprendam com os seus erros. Um bom líder deve ter uma mentalidade tridimensional: Força, Acessibilidade e Ambivalência. A sua atitude deve abraçar firmemente o comportamento e ter interesse em fazer as coisas. Acessibilidade de atitude com facilidade nos processos de tomada de decisão que são aceitáveis para todos os membros da equipa. A ambivalência da atitude de liderança deve basear-se principalmente na avaliação positiva de experiências negativas. A sua avaliação ambivalente positiva e negativa deve ser equilibrada.

Referência.

Ashkin Stephen (2012) Uma Cultura de Sustentabilidade Todos são importantes na criação de uma organização mais ecológica. *Uma revista de limpeza ecológica. Disponível em* www.greencleanenergy.org.

Aßlander, Michael (2011) Prefácio: Pathos for Ethics, Business Excellence, Leadership and Quest for Sustainability, *Journal of Business Ethics vol 100 pp1-2*

Bell, C.K. (2013) HOW LEADERS GROW Innovation', T+D, 67, 2, pp. 42-45, OmniFile Full Text Select (H.W. Wilson), EBSCOhost, Disponível em http://outlaw.digimaxisp.com:2108/ehost/pdfviewer/pdfviewer?sid=3150a1fd-3018-4de4-b619-6cbce3f2db83%40sessionmgr112&vid=0&hid=123 visualizado em 30 de abril de 2015.

Brower, Jacob e Mahajan, Vijay (2013) Driven to Be Good: A Stakeholder Theory Perspective on the Drivers of Corporate Social Performance. *Journal of Business Ethics, vol. 117, pp. 313-331*

Brown, Jill A. e Forster, William R. (2013) A RSE e a Teoria das Partes Interessadas: Um Conto de Adam Smith. *Journal of Business Ethics Vol. 112 pp. 301-312*

Chen, Mavis, et al. (2012)'Does transformational leadership facilitate technological innovation? The moderating roles of innovative culture and incentive compensation", *Asia Pacific Journal Of Management*, 29, 2, pp. 239264, OmniFile Full Text Select (H.W. Wilson), *EBSCOhost*, disponível em: http://outlaw.digimaxisp.com:2108/ehost/pdfviewer/pdfviewer?sid=f931987a-638e-45c0-af7f-09bdd456b20f%40sessionmgr111&vid=0&hid=123 viewed 30 April 2015.

Callahan, Richard F. (2012) Finding Leadership, Strategy, and Fiscal Sustainability in Local Government- *Moving Beyond Magical Thinking. Um jornal de revisão da liga cívica nacional vol.10.*

Dann, Paul L. (2010) EMERGENT LEADERSHIP MODELS AND GENERATIVE LEADERSHIP: RESEARCH TOWARD NEW LEADERSHIP PARADIGMS IN NONPROFIT ORGANISATIONS. *Um jornal para a gestão.* Disponível na Biblioteca da Universidade de Liverpool.

Dervitsiotis, K, K (2011)'The New Imperative for Leadership Advancing From Quality to Innovation', *Journal For Quality & Participation*, 34, 3, pp. 11-17, OmniFile Full Text Select (H.W. Wilson), *EBSCOhost, disponível em:* http://outlaw.digimaxisp.com:2108/ehost/pdfviewer/pdfviewer?sid=7c59c70a-

50ed-4200-ae63-eaa9767a41c7%40sessionmgr112&vid=0&hid=123 viewed April 30, 2015.

Dravenstott, John & Chieffe, Nathalie (2011) Corporate Social Responsibility: *Should I Invest for It or against It: A Journal of Investing*

Durand, Thomas et al (2014) Bringing technology and innovation into the boardroom: strategy, innovation, and competences for business value

Edwards, Susan P (2015) Leading with style. *Jornal de Finanças de Liderança Estratégica*

Epstein, Marc J. e Buhovac, Adriana Rejc (2014) Um novo dia para a sustentabilidade. *A SUA EMPRESA ESTÁ PREPARADA PARA ASSUMIR UMA MAIOR RESPONSABILIDADE PELAS SUAS ACTIVIDADES EM TODO O MUNDO?*

Erhard, W.H, Jensen, M.C, Zaffron S. (2014) INTEGRIDADE: UM MODELO POSITIVO QUE INCLUI O FENÓMENO NORMATIVO DA MORAL, ÉTICA E LEGALIDADE - BREVE RESUMO. Um documento de trabalho da norm. Disponível em: http://papers.ssrn.com/sol3/papers.cfm?abstract_id=983401 Retrieved 30 April 2015.

Florea, Liviu et al. (2013) For All Good Reasons: Role of Values in Organisational Sustainability. *Journal of Business Ethics, vol. 114, pp. 393-408*

Froschheiser, Lee (n.d) Business sustainability: *the strategies to achieve, the leadership that makes it happen.*

Graham, Katrina A et al (2015) The Effect of Leadership Style, Framing, and Promotion Regulatory Focus on Unethical Pro-Organisational Behaviour- *Journal of Business Ethics vol.126 pp.423-436*

Halvorsen, C, & Emerman, J (2013)The Encore Movement: Baby Boomers and Older Adults Can Be a Powerful Force to Build Community', *Generations*, 37, 4, pp. 33-39, OmniFile Full Text Select (H.W. Wilson), *EBSCOhost*, Disponível em: http://outlaw.digimaxisp.com:2108/ehost/pdfviewer/pdfviewer?sid=75703d0f-02ae-47a9-80c0-8c725d533dd3%40sessionmgr113&vid=0&hid=123 viewed April 30, 2015.

Hartnell, Chad A. (2011) Cultura organizacional e eficácia organizacional: um exame meta-analítico dos pressupostos teóricos do quadro de valores concorrentes - *Journal of Applied Psychology Vol. 96, No. 4, pp.677-694*

Harley, Metcalf, Irwin, (2014) Um estudo exploratório sobre as perspectivas comunitárias de liderança em sustentabilidade na bacia de Murray Darling. *Jornal de Gestão, Seleção de Texto Completo OmniFile (H.W. Wilson), EBSCOhost. Recuperado em 30 de abril de 2015.*

Ho. S et al (2015) 'CEO Gender, Ethical Leadership, and Accounting conservatism', *Journal Of Business Ethics*, 127, 2, pp. 351-370, OmniFile Full Text Select (H.W. Wilson), *EBSCOhost*, disponível em: http://outlaw.digimaxisp.com:2108/ehost/pdfviewer/pdfviewer?sid=b22c6022-a3ec-4527-b0ac-edce52884579%40sessionmgr113&vid=0&hid=107 viewed April 30, 2015.

Kaptein Muel (2012) Porque é que as pessoas boas fazem por vezes coisas más 52 reflexões sobre a ética no trabalho. *Journal of Ethics disponível em: http://ssrn.com/abstract=2117396*

Liderança (n.d.pp 6). Liderança e delegação de autoridade. *Uma revista de gestão. Disponível na Biblioteca da Universidade de Liverpool*

Lee, Lloyd L (2014) Diné Political Leadership Development on the Path to Sustainability and Building the Navajo Nation (Desenvolvimento de Liderança Política Diné no Caminho para a Sustentabilidade e Construção da Nação Navajo)

Li et al. (2012) 'A multi-level study of emergent group leadership: Effects of emotional stability and group conflict', *Asia Pacific Journal Of Management*, 29, 2, pp. 351-366, OmniFile Full Text Select (H.W. Wilson), *EBSCOhost*, Disponível em: http://outlaw.digimaxisp.com:2108/ehost/pdfviewer/pdfviewer?sid=64bfad61-9c16-4345-8e9e-adcc314c1064%40sessionmgr114&vid=0&hid=123 viewed 30 April 2015.

Lloyd-Walker, B. & Walker D. (2011) Authentic Leadership for 21st century project delivery. *A journal of project management.* Disponível online em www.sciencedirect.com

Loewer, Otto J. (2011) Liderança e Sustentabilidade no Caos Emergente: Para uma Compreensão das Inter-relações entre Tecnologia, Economia e Valores Sociais. *Revista Internacional de Ciência na Sociedade Vol. 2 : 3*

Lourenço, Isabel Costa et al (2014) The Value Relevance of Reputation for Sustainability Leadership - *Journal of Business Ethics vol. 119 pp.17-28*

MACKENZIE, SCOTT B. (2011) CHALLENGE-ORIENTED ORGANIZATIONAL CITIZENSHIP BEHAVIORS AND ORGANIZATIONAL EFFECTIVENESS: DO CHALLENGE-

ORIENTED BEHAVIORS REALLY HAVE AN IMPACT ON THE ORGANIZATION'S BOTTOM LINE? *Jornal de Psicologia do Pessoal, Vol. 64, pp. 559-593*

Meinert, Dori (2015) 5 caraterísticas das empresas com executivos de topo. *A revista Human Resource Magazin, série Executive Briefing.*

Metcalf, Louise & Benn, Sue (2013) Liderança para a sustentabilidade: uma evolução da capacidade de liderança. *Journal of Business Ethics Vol. 112 pp. 369-384*

Peerasit Patanakul, Peerasit & Shenhar Aaron J (2012) What Project Strategy Really Is: The Fundamental Building Block in Strategic Project Management Project Management *Journal, Vol. 43, No. 1, pp.4-20*

Pratoom, K, & Savatsomboon, G (2012) 'Explaining factors affecting individual innovation: The case of producer group members in Thailand', *Asia Pacific Journal Of Management*, 29, 4, pp. 1063-1087, OmniFile Full Text Select (H.W. Wilson), *EBSCOhost*, disponível em: http://outlaw.digimaxisp.com:2108/ehost/pdfviewer/pdfviewer?sid=4864f5e2-7177-4464-bbf5-5bc1d7286f23%40sessionmgr111&vid=0&hid=123 viewed April 30, 2015.

Probert, David (2014) Levar a tecnologia e a inovação para a sala de reuniões: Estratégia, inovação e competências para o valor do negócio

Quintana, Teresa Aguiar et al (2015) Avaliando os Efeitos dos Estilos de Liderança nos Resultados dos Colaboradores em Hotéis Internacionais de Luxo. *A Journal of Business Ethics vol. 129 pp.469-489*

Rizescu, Marius (2011) A influência da cultura organizacional na funcionalidade das organizações - *Journal of Social Behavioral Science Vol.1:60*

Sanchez, Pablo Esteban e Benito-Hernandez, Sonia (2015) Políticas de RSE: Efeitos na Produtividade do Trabalho em Micro e Pequenas Empresas Transformadoras Espanholas. Journal of Business Ethics vol. 128 pp. 705-724

Schneider, Anselm (2015) Reflexivity in Sustainability Accounting and Management: Transcending the Economic Focus of Corporate Sustainability *Journal of Business Ethics vol. 127 pp.525-536*

Shelton, Ken (2013) Os grandes líderes pensam de forma diferente. *Eles tentam construir organizações duradouras. Journal of Leadership Excellence Essentials*

Shelton, Ken & Ulrich, Dave (2013) Leadership Sustainability- *How can leaders sustain their changes? Journal of Leadership Vol. 30:1*

Smith, Timothy (2011) Two Sides of the Coin: *Shareholders engaging companies on sustainability issues / Companies promoting CSR leadership as good business. Uma revista da Investing-Walden Asset Management.*

Thomas, Tom E & Lamm, Eric (2012) Legitimacy and organisational sustainability *Journal of Business Ethics vol.110 pp.191-203*

Tsai, Yafang (2011) Relação entre Cultura Organizacional, Comportamento de Liderança e Satisfação no Trabalho - Um diário de Tsai BMC Health Services Research vol.11:98

Ulrich, Dave & Smallwood. Norm (2013) Leadership Sustainability. *O desenvolvimento de*
Sete disciplinas integradas. Journal of Leadership Excellence vol.30: 3

Ulrich, Dave & Smallwood. Norm (2013) Improving Leaders- *Ótimo, mas será sustentável? Jornal de Excelência em Liderança Vol.30 :15*

Verschoor, Curtis C(2014) Sustainability as Strategy- *Journal of Strategic Financing vol. 30 pp 12-18*

Williams, C, & Clark Gardner, J (2012)'SERVANT LEADERSHIP, AFRICANIZATION, AND DISRUPTIVE INNOVATION AS CONDITIONS FOR EFFECTIVE LEADERSHIP AT UNISA', *Quarterly Review Of Distance Education*, 13, 4, pp. 213-217, OmniFile Full Text Select (H.W. Wilson), *EBSCOhost*, Disponível em: http://outlaw.digimaxisp.com:2108/ehost/pdfviewer/pdfviewer?sid=677a93fb-3d17-41d2-b6d3-700935e398ca%40sessionmgr111&vid=0&hid=123 acedido em 30 de abril de 2015.

Zhang, Jason Q. et al. (2013) Board Composition and Corporate Social Responsibility: An Empirical Investigation in the Post Sarbanes-Oxley Era. A *Journal of Business Ethics vol.114 pp381-392*

Zhu, Yan et al. (2014) Corporate social responsibility, corporate reputation and corporate performance: The role of ethical leadership. *Asia Pacific Journal of Management Vol. 31 pp. 925-947*

Table of contents

Printed by Books on Demand GmbH, Norderstedt / Germany